Le Management relationnel

La collection *Progrès du Management* a pour objectif de permettre aux dirigeants de se situer dans une démarche de progrès pour eux-mêmes et leur entreprise. Aux recettes toutes faites pour gagner, elle préfère les théories simples destinées à éclairer et faciliter la décision. Chaque ouvrage conjugue expertise et expérience afin de susciter la réflexion.

Conçus avec l'*Association Progrès du Management*, les ouvrages de cette collection originale sont rédigés par des experts confirmés ou des animateurs de formation et de groupes de réflexion dans le cadre des clubs de l'association, en collaboration avec des chefs d'entreprise adhérents de l'association.

L'APM, *Association Progrès du Management*, est une association de chefs d'entreprise qui regroupe plus de 4000 adhérents dans plus de 200 clubs en France et en Belgique. Sa vocation est de donner aux entreprises adhérentes une chance de développement supplémentaire par le progrès permanent de leurs dirigeants.

***Dans la même collection* :**

A. Bouayad, *Les Alliances stratégiques*, 2e édition, Dunod, Paris, 2007.

I. Gavriloff, B. Jarrosson, *Une fourmi de 18 mètres... ça n'existe pas*, 2e édition, Dunod, Paris, 2006.

B. Jarrosson, *100 ans de Management*, 2e édition, Dunod, Paris, 2004.

B. Jarrosson, *Stratégie sans complexe*, Dunod, 2004.

H. Lacroix-Sablayrolles, *Êtes-vous vraiment orienté clients ?*, 2e édition, Dunod, Paris, 2006.

A. Meunier, *PME : Les stratégies du succès*, Dunod, 2007.

P. VAN DEN BULKE
I. MONÈME
avec la participation
de Luc Doublet

Le Management relationnel

Manager et Managé
sont dans un bateau…

Préface de
André Comte-Sponville

5e édition

apm
progrès du management

DUNOD

ISBN 978-2-10-049776-8

Avant-propos à la cinquième édition

Le succès rencontré par les quatre premières éditions du *Management relationnel* nous a convaincus que cet ouvrage a tenu son pari : parler de management sans ennuyer.

Ce faisant, nous prenions le risque de la simplicité et de la provocation.

Simplicité, car nous sommes revenus à des notions de base dont le management s'éloigne chaque jour pour s'enfoncer dans la complexité. *Provocation,* car nous n'avons aucun tabou, ne défendons aucune école établie et n'avons certainement pas la prétention de remplacer les chapelles que nous combattons par une nouvelle chapelle dont nous serions les apôtres.

Pari tenu, disions-nous, puisque le terme « relationnel » a, depuis lors, connu un vif succès et que nombre de publications ont choisi d'intégrer ce vocable dans leur titre. Pari tenu également car l'ouvrage a suscité des débats.

Les expériences vécues durant les dix ans qui nous séparent de la sortie de la première édition ont renforcé notre conviction : il est urgent que le management sorte de la complaisance envers les techniques pour entrer dans une logique d'intelligence au quotidien. En d'autres termes : nous avons tout à gagner à cesser de jouer les patrons qui appliquent des recettes, pour apprendre à devenir des managers qui inventent des solutions.

Pour cette cinquième édition, nous avons revu l'ensemble du texte et approfondi certaines des notions abordées. Nous avons notamment introduit un nouveau chapitre sur les âges de l'entreprise qui poursuit et complète la réflexion sur la transition.

Puisse ce livre contribuer à prolonger le mouvement qui conduit les hommes d'entreprise à délaisser les slogans et les gourous pour se consacrer à leurs collaborateurs et à leurs projets.

« On a tellement formé nos élites au rationnel qu'elles en oublient le relationnel » (Viviane Amar).

Avec cette nouvelle édition, nous sommes heureux de présenter aux lecteurs un ouvrage évolutif et vivant, à l'instar de notre sujet : l'homme.

Table des matières

Préface

Il m'arrive d'intervenir, en tant que philosophe, dans le monde de l'entreprise. À l'un de mes collègues qui s'en étonnait, je fis observer qu'il y avait parfois davantage de liberté d'esprit dans nos entreprises – y compris chez ceux qui les dirigent – que dans le monde, si souvent décevant, de l'université. Puis j'ajoutai : « Au fond, un chef d'entreprise, c'est quoi ? C'est quelqu'un qui n'a pas de doctrine : il n'a que des problèmes. Et un universitaire ? C'est l'inverse : quelqu'un qui n'a pas de problèmes, qui n'a que des doctrines. » Ce n'était qu'une boutade, mais qui n'est pas sans quelque vérité. Combien de colloques désolants, dans nos universités, qui servent moins à résoudre des problèmes qu'à servir des écoles, des chapelles, des clans – quand ce n'est pas, cela arrive, de simples visées carriéristes ou narcissiques ? Je me doute bien que les entreprises, contre de tels travers, ne sont pas naturellement immunisées. Toutefois les exigences du marché, qui sont rudes, doivent en limiter les effets. Un chef d'entreprise qui ne penserait que pour se donner raison, le réel aurait vite fait de lui donner tort. Et un cadre qui ne penserait qu'à sa réussite personnelle aurait tôt fait d'échouer.

C'est la loi des équipes : nul n'y peut réussir qu'avec d'autres. C'est ce qui donne au management relationnel, tel que le conçoivent Philippe Van Den Bulke et Ivan Monème, sa véritable portée. Un groupe n'est pas seulement la somme des individus qui le composent. Il est aussi, et surtout, l'ensemble des relations que ces individus entretiennent – les uns avec les autres, certes, mais également avec le groupe et son environnement. De là toutes sortes de contraintes, d'obstacles, de stress, qui peuvent être paralysants mais qu'on peut aussi surmonter, voire utiliser, pour amorcer ou poursuivre un changement nécessaire. L'interdépendance et l'évolution se nourrissent mutuellement. Nul ne changerait s'il vivait seul (ou plutôt le vieillissement serait son seul changement avéré); nul, vivant avec d'autres et soumis à un environnement lui-même instable, ne peut survivre sans changer. Les paléontologues le savent bien. Les observateurs du monde de l'entreprise aussi. C'est ce que montrent nos deux auteurs, exemples à l'appui. Ceux-là connaissent le monde de l'entreprise de l'intérieur. Ils l'ont observé de trop près, et depuis trop longtemps, pour être dupes de théories attrape-tout ou de la dernière mode managériale. Ce qu'ils proposent ? Plutôt des études de cas, des situations concrètes, des expériences, des analyses. C'est la bonne voie. Si le management était une science, on n'aurait plus besoin de managers. Mais s'il résistait à toute analyse, cela ne ferait qu'une superstition de plus.

J'aime, dans ce livre, sa modestie et sa lucidité. Les relations qu'il étudie ne sont pas le tout de notre vie. C'est bien ainsi. « L'entreprise n'a pas pour vocation de s'immiscer dans la vie de ceux qui la composent, écrivent excellemment nos deux auteurs. Elle a pour tâche de construire un rapport professionnel avec eux. » Un consultant n'est ni un philosophe ni un gourou. Un patron n'est ni un père ni un maître spirituel. Un salarié, ni un enfant ni un disciple. Ce n'est pas une raison pour que les uns et les autres renoncent à l'intelligence, à la solidarité, à l'humanité.

Que nos entreprises aient pour but la création de richesses (c'est-à-dire, en pays capitaliste, le profit), on aurait bien tort de le leur reprocher : c'est là leur fonction première, ce pourquoi nous avons besoin d'elles et qui les rend indispensables. Comment, autrement, faire reculer la pauvreté, financer nos écoles et nos hôpitaux, assurer, autant que faire se peut, le bien-être et la sécurité du plus grand nombre ? L'erreur serait de croire que la richesse suffise à faire une civilisation. Et que les relations de pouvoir suffisent à faire un groupe efficace. Contre ces deux erreurs, ce livre offre quelques armes. Tant mieux si le succès, comme c'est déjà le cas, est au rendez-vous. Que le management ne soit pas une science n'est pas une raison pour renoncer à y réfléchir. C'est au contraire ce qui doit pousser chacun, dès lors qu'il y est confronté, à y réfléchir par lui-même. Encore faut-il le faire de façon lucide et efficace. L'entreprise est un enjeu trop important pour qu'on puisse l'abandonner aux financiers ou aux idéologues.

André COMTE-SPONVILLE

1) Avant

Ent = Transmission des ordres

2) Now

Ent = Adéquation des Compétences

Metier = Metier évolutif

3) Compétences

* Acquises, maitrisées, entretenues
x Nécessaires => A acquérir

4) Mdr Ent = 2 Vitesses

-> Process hiérarchiques lents
-> Rapides = Equipes taille variable
=> Relation = Donné strat de l'Entreprise

Introduction

Manager et managé sont dans un bateau. L'un d'eux tombe à l'eau. Que reste-t-il? Rien!

Ce livre est né de ce simple constat : c'est avant tout la qualité de la relation construite entre deux hommes qui conditionne l'avenir de leur projet. Conçu pour être piloté à deux, le bateau part à la dérive si l'un vient à manquer.

L'entreprise doit répondre aux exigences d'un nouvel environnement : l'énergie neuronale remplace l'énergie musculaire, l'immatériel supplante le mécanique, le temps technologique se substitue au temps agraire. Ces évolutions impliquent que l'entreprise fondée sur la transmission des ordres cède sa place à une entreprise fondée sur l'adéquation des compétences.

La notion de métier est d'ailleurs en train de céder sa place à la notion de compétences. Avec le métier unique, on joue au puzzle : les pièces ne permettent de constituer qu'une seule image correcte. Avec les compétences, on joue au Meccano : à l'aide de pièces données (les compétences) on peut constituer des constructions différentes (plusieurs métiers évolutifs). Le métier, bastion traditionnel de la résistance au changement, se réinvente tous les jours. Les compétences, elles, sont permanentes, à condition d'être entretenues, et peuvent s'acquérir.

Il est intéressant de constater que le fait de demander à un individu qui possède une compétence de la transmettre à quelqu'un d'autre provoque généralement chez lui l'envie d'acquérir d'autres compétences.

En entreprise, le temps presse. Pour reprendre la formule chère à Alvin Toffler, nous vivons dans un monde à deux vitesses : les lents, régulés par des processus hiérarchiques classiques, et les rapides, organisés en équipes à géométrie variable. L'expérience indique que les lents meurent et que les rapides se développent.

L'enjeu est donc d'actualité : il faut passer d'une organisation hiérarchique à une organisation intelligente, pariant sur la capacité créatrice de chacun de ses membres.

Il ne s'agit pas d'*un modèle* accessible grâce à des fiches-outils mais d'*un objectif* accessible grâce à l'amélioration des relations entre les hommes. Attention : il ne s'agit pas d'investir dans la relation humaine pour participer au développement personnel de tel ou tel individu mais de s'intéresser à la relation comme donnée stratégique de l'entreprise.

L'objectif de cet ouvrage est d'aider les hommes d'entreprises à évoluer vers ce cap : comprendre les relations entre les hommes, décrypter les mécanismes, rendre l'entreprise plus intelligente pour la rendre plus efficace.

De nombreuses études de *time to market* s'accordent à dire que si les gens se connaissent, s'ils savent travailler ensemble, s'ils ont eu le temps de bâtir une relation entre eux, on arrive à réduire de 30 % le temps de mise sur le marché de nouveaux produits, ce qui est énorme en terme de rapidité de l'entreprise.

Pour évoluer vers une intelligence des relations, nous n'avons pas souhaité proposer des outils qui transformeraient le lecteur en *adepte* mais une grille d'observation et de compréhension à un lecteur *adulte*.

Cet ouvrage plaide en faveur d'une nouvelle façon de comprendre ce que l'on pourrait appeler le « management relationnel ». Mais peu importe les termes puisqu'il n'est pas question ici de fonder une école, de systématiser une théorie pour la porter aux nues en tant que facteur explicatif de l'ensemble des problèmes.

L'objectif est de jeter un regard sur les différents aspects de la relation homme-homme et homme-environnement, en tentant à chaque instant de renouveler l'approche possible, de multiplier les questions, de refuser la fiction de LA vérité et d'aborder, sans simplification, la richesse changeante du monde relationnel. Ce faisant, nous tentons d'ouvrir les pistes d'un management des turbulences.

L'exploration s'adresse au lecteur dans sa relation professionnelle mais aussi dans sa relation avec un environnement extra-professionnel. En effet, si les exemples s'appuyent fréquemment sur des expériences vécues en entreprise, les enseignements dépassent le cadre de cette dernière pour s'adresser au quotidien de chacun, qu'il soit manager ou managé.

On dit souvent « j'entre dans une entreprise mais je quitte un patron ». En clair : ce qui fait l'harmonie du climat social au sein d'une structure, ce n'est pas autre chose que la somme des relations qui lie N avec son N + 1, et ceci bien avant toute démarche collective portant sur l'identité ou les valeurs de l'entreprise.

Puisse ce livre permettre à l'homme et à l'entreprise de retrouver le chemin d'une lecture active de l'environnement.

Pour ce faire, nous proposons au lecteur de se placer au-dessus des événements quotidiens pour les regarder et les comprendre. Cet exercice n'est pas gratuit : il permet à l'individu de devenir acteur. Comme le disait Jean-Paul Sartre, « l'important, c'est ce que les hommes font de ce que l'on a fait d'eux. »

C'est bien là l'enseignement de la mouche d'Hippocrate. Lorsqu'une mouche se promène sur la table, elle se heurte aux débris du repas. Si elle survole la table, elle est capable de vous dire le menu que vous avez consommé. Telle est notre ambition : permettre aux lecteurs de lire le menu.

Ce livre est le fruit de l'expérience conjuguée d'un médecin devenu consultant et d'un consultant devenu responsable de communication qui ont beaucoup appris au contact de l'entreprise. Juste retour des choses que de formaliser cet apprentissage et de le transmettre.

1

Une histoire de couple

L'homme, indissociable de son environnement

Le conférencier vit de ses auditeurs, le vendeur de ses clients, le médecin de ses patients, le député de ses électeurs, etc.

L'homme est ainsi fait qu'il n'existe pas en dehors de sa relation avec l'environnement, auquel il est confronté et dont il est indissociable.

En tant que tel, ce constat n'a rien de neuf : depuis que les approches systémiques ont triomphé, il est admis qu'un être n'existe que par rapport à quelque chose d'autre. La nuit vient en contrepoint du jour, le calcul en complément de l'intuition. Il en est ainsi de toute chose : phénomènes climatiques, conflits d'intérêts, saisons, relations au sein de l'entreprise… tout se définit par rapport à un environnement. Ainsi que le résume le généticien Albert Jacquard : « L'homme dit *je* parce que d'autres lui ont dit *tu.* »

Le constat fait donc l'objet d'un consensus. Pourtant, la pratique lui tord souvent le cou. Nombre d'exemples vécus en entreprise montrent que les hommes agissent comme s'ils étaient indépendants de leur environnement.

Chargés de réfléchir à la réorganisation du département Transports d'une grande entreprise de tourisme, nous avons découvert que ce département comptait deux services exerçant les mêmes fonctions : négociation avec les compagnies aériennes, montage de l'offre sur informatique, ajustement mensuel, prise de commande, émission des billets, etc. Seule différence entre ces deux services : l'un travaillait pour les clients externes de l'entreprise, l'autre pour les clients internes (animateurs touristiques salariés ou CDD de l'entreprise). Le travail effectué pour ces deux types de clients était le même. Rien, du point de vue du processus, ne justifiait donc cette séparation.

Après analyse, il s'est avéré que l'éclatement du département Transports en deux services s'expliquait par une lutte de pouvoir qui avait amené deux responsables à se partager le territoire, en créant deux services là où il n'y avait qu'un seul métier. L'un des deux protagonistes était un ancien animateur touristique qui avait battu le rappel, fait le plein de voix et s'était ainsi posé en responsable incontournable.

La rationalité économique commandait de fondre ces deux unités afin d'opérer des gains de productivité, d'améliorer la polyvalence, d'augmenter le poids du département vis-à-vis de ses fournisseurs externes et de supprimer les doublons de poste. Ce fut fait, non sans mal, car on ne bouleverse pas sans heurts quinze ans d'histoire.

La séparation de ce service en deux territoires a pu exister parce que les deux responsables se considéraient comme indépendants de l'environnement immédiat auquel ils étaient confrontés – le reste de l'entreprise – et n'en tenaient pas compte.

Un autre exemple est fourni par une société fabriquant des machines-outils. Le processus de fabrication implique trois métiers : hydrauliciens, électriciens, automaticiens. Dans cette PME, le bureau d'études conçoit les machines, la production les réalise, le service installation les installe et la maintenance intervient pour opérer des vérifications préventives du matériel fourni et réparer les pannes. La fragmentation est telle qu'aucun dossier technique ne circule entre les différents corps de métier. Conséquence : lorsque les salariés opérant la maintenance découvrent qu'une qualité de boulon provoque systématiquement un certain type de panne, ils ne communiquent cette information à personne. Les boulons incriminés continuent d'être montés sur chaque machine produite, provoquant autant de pannes. Autre conséquence : lorsque le personnel de la fabrication apporte une amélioration, il ne prévient personne. Le service maintenance découvre les modifications en auscultant la machine. Les pièces nécessaires à la réparation n'étant pas référencées par le service maintenance, il faut passer commande avant de pouvoir remettre la machine en état de marche. Et le client dans tout ça ? Il patiente ou plutôt il patientait car maintenant le client veut des réponses immédiates à des problèmes qu'il juge urgents. Le circuit du Grand Sachant de l'entreprise est un circuit aujourd'hui dépassé.

Ces deux exemples ne sont pas des exceptions : nombre d'entreprises vivent de fractionnements des services, de compartimentages des missions, de découpages des processus de production.

Ainsi va le taylorisme : des processus compliqués pour des tâches simples. Le premier prend le boulon et le pose sur le pas, le second le visse, le troisième vérifie qu'il est bien serré et le quatrième dépose l'ouvrage dans une caisse que le cinquième transporte à l'autre bout de l'atelier.

La répartition « à chacun sa tâche » a le mérite de la clarté : on sait ce que chacun fait. Mais ce cadre étroit permet à chacun de s'extraire de l'ensemble, favorisant ainsi la déresponsabilisation : « ce n'est pas mon boulot ».

Pour réorganiser ses différents départements, l'entreprise de machines-outils s'est fixé comme objectif de faire travailler ensemble les acteurs. Chacun a été amené à se sentir partie prenante d'un processus indissociable, composé d'apports successifs de valeur ajoutée liés à la satisfaction du client. Des processus simples pour des tâches plus riches et plus responsabilisantes ont été définis.

Les logiques de territoire correspondent toujours à des logiques personnelles. Les logiques de coopération sont toujours des logiques collectives. Telle est la promesse faite par le *knowledge management* : faire en sorte qu'une partie du mode de fonctionnement de l'entreprise s'appuie sur le partage des connaissances.

Le passage de la logique individuelle à la logique collective nécessite une modification de la mesure de la performance. On n'encourage pas quelqu'un à entrer en contact avec les autres si l'on mesure et évalue cette personne sur la performance de son propre territoire ou de son propre champ de responsabilités, à l'exclusion de tous les autres, à l'exclusion de toute dimension collective. La mesure de la performance doit s'inscrire en cohérence avec la logique collective que l'on veut faire émerger. C'est une démarche que l'on ne peut pas décréter *a priori* mais qui doit émaner de l'intérieur de la structure. L'écart entre ce que l'on sait et ce que l'on doit savoir est souvent très faible; par contre l'écart entre ce que l'on fait et ce que l'on doit faire, est souvent plus important. Pour mener un tel changement, il est impératif de donner aux acteurs une vision plus large de leur environnement. Les visions fragmentaires sont d'ailleurs souvent reconnues par les acteurs eux-mêmes comme nuisibles à l'organisation.

D'où l'intérêt de passer du constat que chacun s'accorde à faire – l'homme est indissociable de son environnement – à la mise en œuvre que ce constat implique : mettre l'homme en situation de relation avec un environnement plus large.

Pour ce faire, agir sur la relation que l'homme entretient avec son environnement semble plus pertinent qu'une action directe sur l'environnement, souvent bien difficile à conduire, ou qu'une action directe sur autrui, souvent bien vaine.

Sortir de l'utopie

Au quotidien, l'homme a une maîtrise très relative de son environnement. Il ne maîtrise pas les problèmes qui surgiront car il n'en connaît ni la nature, ni le nombre. Tout au plus peut-il réagir à l'environnement, s'exercer à intégrer l'imprévu qui vient bouleverser son programme.

En entreprise, l'environnement est donné et la question qui se pose n'est pas tant d'essayer de changer l'environnement mais davantage de savoir comment l'on va se confronter à cet environnement, comment l'on va construire de façon permanente à travers une série d'interactions qui vont enrichir la relation à l'environnement.

Il ne s'agit pas de figer l'homme dans un état de renoncement. Bien au contraire : en le libérant de l'utopie qui consiste à lui laisser croire qu'il maîtrise son environnement, on lui permet de consacrer son énergie à mieux appréhender sa relation avec cet environnement.

Les bricoleurs du comportement

L'action directe sur l'autre renvoie à toute la « science » de la manipulation du comportement.

Le premier problème que pose l'action sur autrui est un problème d'efficacité : il est possible d'observer que tel responsable entoure ses collaborateurs de conseils et de sympathie et que tel autre mène ses collaborateurs à la baguette. Pour autant, nous ne pouvons pas prédire l'effet de ce type de comportement : lesquels de ces collaborateurs se conformeront-ils à leur environnement, lesquels se révolteront-ils?

Afin d'aider l'homme à mieux comprendre sa relation avec autrui, les grands courants psychologiques du XIXe siècle ont offert des méthodes d'analyse et de classification des comportements, des personnalités et des modes de fonctionnement humain.

Aujourd'hui, ce n'est plus l'individu mais le fonctionnement du système qui est au centre des préoccupations.

Exemple : un enfant de quatre ans souffrant de graves maux de tête était jadis traité du seul point de vue clinique. Aujourd'hui, les spécialistes vont d'abord ausculter l'enfant et rechercher, grâce aux examens adéquats, l'éventuelle présence de pathologies connues : trouble de la vue, tumeur au cerveau, méningite, abcès, signes d'hystérie, etc. En l'absence de résultats, ils élargiront l'éventail et s'interrogeront sur la relation liant l'enfant à son père ou à sa mère. Les maux de tête pourront alors être traités en intervenant sur cette relation enfant-environnement.

Cette démarche correspond à la volonté de ne plus détacher l'événement – en l'occurrence l'apparition de forts maux de tête – de son contexte.

L'approche globale a donc supplanté l'outillage simplificateur. Il s'agit de passer d'une vision analytique des moyens à mettre en place à une vision synthétique des résultats à obtenir. Pourtant, certains spécialistes du management n'ont pas suivi cette évolution. Typologies, classements, schémas, tableaux synoptiques fleurissent toujours. Sous couvert de clarifier les problèmes, ils se limitent à exprimer des parcelles de réalité dans un langage pseudo-scientifique. Ils deviennent alors des moyens confus d'exprimer des généralités vides de sens et font le bonheur de quelques bricoleurs du comportement.

Deux raisons principales expliquent qu'à l'origine il y ait eu dérive « scientifique » du management. Tout d'abord, pour des raisons de sérieux et de crédibilité, le management a été enseigné à l'origine dans les facultés par des gens familiers des sciences dures (physique, chimie, etc.); or le management est de fait une science molle. Ensuite, le management a été inventé en période de croissance et donc dans un contexte relativement linéaire; or l'environnement est aujourd'hui particulièrement instable.

Actuellement, certaines prises de conscience ont été faites et l'on accepte davantage l'intérêt d'une approche en terme de science molle (il ne faut pas toujours à tout prix rationaliser) compte tenu d'un environnement turbulent.

Ceci étant, l'adaptation permanente des entreprises à l'environnement changeant a donné naissance à une multitude de théories et celles-ci ont souvent été rejetées avec d'autant plus de passion qu'elles avaient été embrassées avec ferveur. Émanant des utilisateurs, les critiques n'ont guère été amènes : *totalitaires*, les méthodes qui ont foncé tout droit sur l'illusion d'une entreprise aux allures de groupe familial; *simplificatrices*, les méthodes qui ont modélisé ce qui est de l'ordre de la relation, donc du complexe; *déresponsabilisantes*, les méthodes qui ont fait croire aux « formés » qu'il suffisait d'appliquer une technique là où il faut bien souvent s'en remettre à l'intelligence de la relation; *figées et inopérantes*, les méthodes qui ont développé leur énergie vers l'introspection et la normalisation; *consommatrices de ressources*, les méthodes qui ont proposé des outils d'une telle complexité qu'une forte gymnastique intellectuelle s'est avérée nécessaire pour les comprendre; *éthérées*, les méthodes de management qui ont été conçues par des cerveaux déconnectés du quotidien de l'entreprise.

Aujourd'hui, de nouveaux concepts circulent, bousculant les anciens sans forcément promettre de les remplacer avec efficacité : *reengineering* (reconfiguration de l'entreprise), *benchmarking* (comparaison avec les meilleurs), *flattening or delayering* (réduction des niveaux hiérarchiques), *outsourcing* (externalisation), *downsizing* (réduction de la dimension des unités et des effectifs), *network organization* (organisation en réseau), *learning organization* (organisation capable d'apprendre), *horizontal corporation* (entreprise horizontale), *concurrent engineering* (ingénierie simultanée), *time-based competition* (concurrence fondée sur le temps), *lean organization* (entreprise agile), *empowerment* (pouvoir réel donné aux collaborateurs), *Six Sigma* (méthode de qualité totale mise en œuvre par General Electric), *knowledge management* (management des connaissances), *best practices* (meilleures pratiques), *balanced scorecard* (tableau de bord prospectif), *mind mapping process* (cartes heuristiques)...

Des outils manchots

Lorsque le problème semble dépasser l'homme, la tentation de repli vers l'outil est grande. Certaines techniques de recrutement font ainsi appel à des outils qui transforment le recruteur en éditeur d'étiquettes.

Or, tous les tests « photographiques » sont par nature faux pour l'homme, dans la mesure où celui-ci ne se détermine qu'en relation avec son environnement, relation qui commence par celle qu'il entretiendra avec le test en question. L'homme est le résultat d'un processus permanent de construction. Le test qui fige ce processus est obsolète par nature. Il ne s'agit pas de faire le procès de tous les outils : un test est intéressant s'il dévoile des zones de progrès et identifie des forces sur lesquelles s'appuyer. Reste à l'interpréter, à discuter des résultats avec le « testé », à accepter d'utiliser l'outil comme un prétexte d'approfondissement et non comme une fin en soi. En matière de management, l'outil parle, bien souvent, à la place de celui qui n'a rien à dire.

En effet, en tant que telle, l'analyse de l'individu n'apporte rien à l'entreprise. Elle fait le bonheur de ceux qui la vendent mais ne fait guère progresser les mentalités, les comportements ou, plus humblement, les rapports au sein de l'entreprise. Les méthodes d'analyse comportementale permettent de décrire un état et non de construire une relation. De plus, elles sont souvent présentées, expliquées et « prescrites » à des collaborateurs qui n'en ont même pas formulé la demande.

L'entreprise n'a pas pour vocation de s'immiscer dans la vie de ceux qui la composent. Elle a pour tâche de construire un rapport professionnel avec eux. Sans compter que ce sont bien souvent les entreprises qui envoient leurs cadres pousser un cri primal qui font preuve, par ailleurs, de la plus grande indignité sociale.

Un peu comme ces projets d'entreprise qui annoncent : « L'entreprise X a pour vocation d'élever les hommes », alors même que les règles du jeu ne sont pas clairement établies. Autant dire que la préoccupation de l'homme est un alibi.

Les hommes en question ne souhaitent pas qu'on les fasse grandir malgré eux : ils souhaitent être engagés dans une relation claire dont ils sont acteurs. Un collaborateur a besoin d'un contrat social clair et que les règles du jeu soient négociées dans les domaines qui le préoccupent : il a besoin d'une mission clairement définie, de connaître la façon dont il va être mesuré, d'un espace de liberté à l'intérieur de cette mission, d'être informé des règles en matière de départ à la retraite, de disposer d'un système transparent d'attribution des primes, de se situer dans un environnement qui est capable de fêter les succès collectifs, etc.

Méfions-nous donc des grilles simplificatrices qui prétendent nous permettre de « lire » l'autre. Et si ces grilles nous en disaient bien plus sur leurs auteurs et sur leur besoin de simplifier ?

Au sein des entreprises, on voit émerger de plus en plus une demande de simplicité du lien entre un dirigeant et un dirigé. Le respect de l'autre prend beaucoup d'ampleur, comme l'atteste, par exemple, le nombre croissant de procès pour harcèlement moral. Or, pour une entreprise, le meilleur moyen de lutter contre ce harcèlement est de reconnaître et de relever clairement tout comportement inacceptable. En effet, cette demande de simplicité induit ou suppose une grande capacité d'écoute et de prise de parole.

Il est donc clair qu'en lieu et place d'une intervention sur l'environnement ou sur autrui, il convient d'investir dans la relation qui lie l'homme à son environnement, une relation marquée par le changement.

1) L'homme - son envt - ses clients
2) L'homme et le changement

2

L'homme et le changement

Bernouilli, l'un des fondateurs de l'hydrodynamique, nous enseigne qu'un fluide enfermé dans un cylindre exerce une pression sur les parois et que plus le fluide coule vite, moins la pression s'exerce.

Théodore Levitt opère une analogie entre le principe de Bernouilli et le management : emportés par le fluide du changement, certains managers vont tellement vite qu'ils n'exercent plus aucune pression sur l'environnement. Véritables roseaux de la fameuse fable de La Fontaine, ils plient face au vent et ne sont plus en mesure de produire des contraintes motrices, quintessence de leur fonction (voir chapitre 3).

Il est difficile de rester manager dans ces conditions. Que faire ? Pour ne pas se laisser emporter par le mouvement du changement, il importe de bien comprendre la relation entre l'homme et le changement.

Le couple changement-résistance, un ménage à trois

Le couple changement-résistance est en réalité un ménage à trois : changement, résistance, intérêt au changement.

Lorsque l'individu perçoit l'intérêt du changement, il est prêt à changer. Pour s'en convaincre, proposez à un homme allergique au soleil d'échanger sa table orientée plein sud contre une place sous un parasol! Il y verra son intérêt et changera de table.

Inversement, il suffit que l'homme ne perçoive pas son intérêt au changement pour que se forme le couple changement-résistance. Proposez donc la même table à l'ombre à un vacancier qui a décidé qu'il profiterait de chaque rayon de soleil pour bronzer. Il s'insurgera aussitôt.

Le couple changement-résistance est une constante comportementale humaine. Dès qu'il y a un couple en présence, il y a toujours émission d'énergie. Une fois déclenchée, la résistance au changement devient une source considérable d'énergie. Le problème qui est posé est donc bien « au service de quoi est-ce que je mets cette énergie? »

La proposition est de remplacer les traditionnels jugements, tels que « le changement est toujours porteur d'améliorations », ou « ceux qui résistent au changement sont des ringards », par une question simple : « que faire de l'énergie produite par le changement ? »

Prenons l'exemple d'un collaborateur qui refuse d'utiliser une nouvelle technologie dans la mesure où sa perception le conduit à penser que cette technologie contribue à vider son poste de sens et, à terme, peut favoriser son licenciement. Personne ne scie, de son propre gré, la branche sur laquelle il est assis. Trop de chefs d'entreprise trouvent cette évidence d'une banalité accablante pour eux-mêmes mais oublient qu'elle est également vérifiable pour tout individu qui travaille au sein de leur entreprise.

En clair : le changement génère une résistance dès lors que les individus n'ont pas une vision précise de leur intérêt. Dans un monde stable, cela pose déjà de sérieux problèmes. Or, le monde, aujourd'hui, est ascensionnel…

Une caractéristique : le monde ascensionnel

L'homme et l'environnement forment un couple ascensionnel. Pour s'en convaincre, il suffit de tracer une courbe en plaçant en abscisse le temps et en ordonnée DLUN : Donnez-Lui Un Nom. Les Anglo-saxons parlent de graphique GIAN : *Give It A Name*. La courbe sera ascensionnelle pour plus de 80 % des noms que l'on aura choisi de donner : nombre de téléviseurs, nombre d'habitants sur terre, nombre de conflits, nombre de licenciements, nombre de sans domicile fixe, nombre d'États, etc. Dire que le couple homme-environnement est ascensionnel n'implique aucun jugement de valeur tendant à considérer notre contexte comme porteur de progrès. Il s'agit d'un simple constat.

À cette réalité s'ajoute la perception de l'homme : chacun a le sentiment d'évoluer dans une époque qui connaît plus de bouleversements que les précédentes.

Quels que soient son âge, son sexe ou son niveau social, tout individu est ou sera confronté à une accélération quasiment exponentielle de la fréquence des changements. C'est ce que l'on appelle le monde ascensionnel.

L'usure des mots : trois formes de changement

Le monde change si rapidement que même les mots s'usent. C'est le cas du terme « changement » qui, à force d'avoir été utilisé, a perdu de sa substance. Nous nous proposons de le remplacer par trois termes désignant les trois formes principales que prend le changement : accélération, ruptures, mutations lentes. Il s'agit d'une paire de lunettes proposée pour regarder différemment le mot changement car, après tout, s'il y a bien un mot qui peut changer, c'est quand-même lui. Cette grille de lecture vise à mieux comprendre ce qui se passe au quotidien en vue de répondre à la question : comment gérer positivement l'énergie issue du couple changement-résistance?

▸ **Accélérations**

Les accélérations sont à la fois réelles et provoquées par un sentiment de réduction du temps dans lequel nous nous inscrivons.

Le *Lagarde et Michard*, que nous avons tous épluché avec plus ou moins de zèle durant notre scolarité, nous invitait à découper l'Histoire littéraire par tranche de cent ans et à cataloguer les périodes ainsi obtenues : XVIIIᵉ = Siècle des Lumières, XIXᵉ = Romantisme, etc. Depuis la fin de la Seconde Guerre mondiale, de tels découpages n'apparaissent plus assez fins pour rendre compte de ce que l'on appelle la réalité. Ainsi, le « mobilier des années 50 » aurait une identité propre, « la musique des années 60 » véhiculerait un son spécifique. Tout se passe comme s'il était désormais nécessaire de fragmenter le temps en unités plus restreintes. Comme si une décennie suffisait pour constituer une tranche d'Histoire. Cette fragmentation résulte d'un processus d'accélération de la fréquence des changements perçus.

L'entreprise n'échappe pas à ce processus. Tout au long du XIXe siècle, le chef d'entreprise fut confronté à de grands bouleversements : développement des transports, nouvelles sources d'énergie, revendications ouvrières et syndicalisation croissante, etc. Au XXe siècle, les années 70, à elles seules, ont bouleversé l'entreprise autant que le siècle précédent : accélération de l'informatisation, pénurie et renchérissement de l'énergie, globalisation de l'économie, redéploiement des entreprises (fusions, acquisitions, restructuration, relocalisation, privatisation). Les années 80 et 90 n'ont pas été en reste de changements, le début du troisième millénaire ne s'annonce guère paisible.

Ce qui sépare l'être humain de l'animal, c'est la capacité de se projeter dans le temps, d'imaginer un futur. Parce que nous envisageons les conséquences de nos actes, parce que nous pensons à la vie après la vie, nous avons inventé la morale, nous aspirons à la spiritualité. Cette capacité d'imagination d'un futur lointain évolue tout au long de notre existence : l'espace était totalement libre lorsque je suis sorti de l'université, il devient plus réduit lorsque j'ai 40 ans et que je me demande ce que je serai dans 5 ans, dans 3 mois? Le court terme gagne progressivement la partie.

Sur le plan comportemental, nous nous sentons à l'étroit dans le temps dans lequel nous vivons, d'où un sentiment d'accélération. Ce sentiment ne provient pas du fait que les choses vont vraiment plus vite mais du fait que je perçois le temps dans lequel les choses s'inscrivent comme étant de plus en plus réduit.

▸ Ruptures

Au début des années 90, lors d'un séminaire regroupant des médecins, un chirurgien cardio-vasculaire commentait en ces termes les progrès technologiques qui interviennent dans sa discipline : « Ces progrès sont tels qu'il sera de moins en moins nécessaire d'avoir recours à l'acte chirurgical traditionnel pour soigner une artère bouchée. Des outils très performants, introduits à travers la peau dans un vaisseau de petit calibre, permettent de déboucher et de réparer les artères défectueuses. Conséquence directe de ces progrès : le chirurgien cardio-vasculaire, réparateur en chef, perd sa situation de monopole. Un cardiologue peut désormais réaliser 85 % des interventions cardio-vasculaires. Les quelques centaines de chirurgiens français spécialistes de ce domaine sont donc confrontés à une évolution considérable de leur métier : en plus d'être des hommes de l'art, ils doivent devenir des ingénieurs de haut niveau. »

La question soulevée par ce médecin est brutale : en l'espace de quelques mois ou quelques années, tout savoir peut devenir obsolète. Il y a vingt ans, seuls les mineurs ou les ouvriers se sentaient menacés par une possible disparition de leur métier. Aujourd'hui, plus personne ne peut se sentir protégé contre la mort partielle ou totale de son métier.

Les ruptures sont également collectives : chute du mur de Berlin, implosion de l'Europe de l'Est, intensification des conflits armés localisés, attentats du 11 septembre 2001, scandales financiers Enron ou Andersen, etc.

▸ Mutations lentes

Pour comprendre cette troisième forme de changement, prenons l'exemple de la grenouille en précisant bien qu'il s'agit là d'une métaphore visant à illustrer un propos et, en aucun cas, d'une expérience vérifiée et sans doute guère vérifiable.

On prend une grenouille et on la jette dans un bocal d'eau très chaude. Que fait la grenouille? Elle s'agite, se débat. Si elle trouve un point d'appui dans le bocal, elle s'éjecte et sort. Conclusion : confrontée à un changement de type B (c'est-à-dire un changement pour lequel elle ne voit pas son intérêt immédiat à changer), la grenouille développe des résistances au changement qui sont capables d'assurer sa survie. Imparable raisonnement.

On met la grenouille en convalescence. Une fois qu'elle est bien requinquée, on la remet dans un bocal d'eau à température ambiante. Que fait la grenouille? Elle s'installe, se prélasse, croasse de bonheur. On chauffe l'eau en augmentant la température d'un dixième de degré toutes les 20 minutes. Dès que l'eau franchit une certaine température, notre animal à sang froid meurt sans signe apparent de douleur. Conclusion : pour que la grenouille développe des résistances au changement capables d'assurer sa survie, encore faut-il qu'elle perçoive ces changements. Si ces changements se situent toujours en deçà de sa perception, la grenouille s'en va tranquillement vers la mort.

Analogie comportementale entre les hommes d'entreprise et notre grenouille : on tape sur l'épaule d'un collaborateur pour lui indiquer que le changement est en route. Il nous répond « ça fait 20 ans que je fais ce métier » et il s'en va droit dans le mur. Pour un chef d'entreprise qui a la responsabilité de milliers d'emplois, les conséquences deviennent sévères.

Le problème du changement ne réside ni dans le changement lui-même, ni dans les résistances au changement (heureusement qu'il y en a sinon où trouverions-nous l'énergie pour fabriquer des réponses créatives ?) mais il est posé par nos seuils de perception.

À un niveau plus général, les anthropologues américains, Yankélévitch, Clumsy et Schulman, se sont également intéressés au phénomène des mutations lentes, à travers l'évolution du *status symbol*, c'est-à-dire la façon dont les individus affichent leur statut social. Depuis 1945, le laboratoire des trois anthropologues produit un rapport annuel sur l'évolution du *status symbol* dans les pays dits développés. En 1986, c'est-à-dire après plus de quarante observations annuelles, un constat important est fait : le *status symbol* connaît une évolution.

Jusqu'alors, consciemment ou inconsciemment, les individus fonctionnaient dans leur majorité selon un *status symbol* orienté vers la possession de choses chères : l'individu passe ou souhaite passer de son vélo d'adolescent à un deux roues motorisé avant d'acquérir une petite voiture qu'il remplace dès que possible par un véhicule plus confortable. De même, l'individu quitte sa chambre d'étudiant pour un petit appartement, puis pour un plus grand, dont il déménage pour habiter un pavillon acheté qu'il revendra plus tard pour une belle maison et une résidence secondaire. Les meubles récupérés à droite et à gauche sont vendus pour faire place à du mobilier Ikéa, lui-même remplacé par des meubles glanés chez les antiquaires ou les designers. L'éducation des enfants suit le même schéma : les enfants doivent pouvoir s'offrir ce que les parents n'ont pas pu acquérir.

À partir de 1986, les trois anthropologues constatent donc une évolution du *status symbol*. La possession matérielle s'efface au profit de la maîtrise de l'existence : pouvoir disposer de temps libre, avoir prise sur son environnement, conduire sa vie et ne plus la subir, passer du temps avec son conjoint, ses enfants, etc.

Le phénomène est également constaté en 1992 dans l'enquête « Les élites sont fatiguées », réalisée par le journal *Le Monde* auprès de jeunes de moins de 35 ans sortis depuis plus de 5 ans des écoles les plus prestigieuses de France : Polytechnique, HEC, ENA, Centrale... Les interviewés occupent tous des postes à responsabilité. Du fait de leur courte expérience professionnelle, ils ne tiennent pas encore fermement les rênes du pouvoir mais cela ne saurait tarder. Question posée : que signifie pour vous la réussite professionnelle? 75 % des interviewés répondent : disposer de temps libre pour faire autre chose. Nous sommes donc bien sur le thème de la maîtrise de son existence constaté par le laboratoire américain.

Il s'agit d'une mutation lente, perceptible, nous l'avons vu, à partir de 1986. La même année, Gérard Demuth, alors président de Cofremca France – institut qui observe l'évolution des comportements et des valeurs de la population française – déclare : « On est peut-être en train de quitter sur la pointe des pieds la société de consommation pour arriver à une société de sens ».

Il s'agit aussi d'une évolution de la valeur « travail », une valeur d'ailleurs récente puisqu'elle date du Moyen Âge. Ce sont les moines qui nous ont expliqué les premiers que l'on pouvait travailler à la gloire de Dieu, que le travail pouvait être la réalisation de notre vie. On les a crus et l'on a mis le travail au centre de notre existence. Aujourd'hui, de plus en plus de jeunes affirment : « Je n'ai pas envie de perdre ma vie à la gagner ». Le travail n'est plus considéré comme indispensable à la réussite de la vie. Certes, il n'a pas perdu toute son importance mais il est concurrencé par d'autres valeurs. Ceux qui sont chargés d'embaucher ont tout intérêt à comprendre cette évolution et à la prendre en compte. Il est en train de se produire sous nos yeux une évolution des valeurs sociales.

Si la logique d'une société de consommation nous est connue, celle d'une société de sens nous échappe encore. Dès lors que nous sommes en mutation, comment savoir où nous allons sinon en aiguisant nos capacités d'anticipation.

Nous sommes tous des handicapés

Deux handicaps, qui sont des constantes comportementales, marquent notre perception du changement : l'incapacité à envisager véritablement le lendemain et la difficulté de percevoir ce à quoi nous n'avons pas déjà réfléchi. Or, pour qu'un manager puisse résister intelligemment au changement, il est indispensable qu'il puisse se projeter dans le changement.

Prenons un exemple. 20 personnes sont silencieusement en train de plancher dans une salle de travail. La concentration est à son comble. Un clown entre dans la salle en jouant de la clarinette, il traverse toutes les travées et s'échappe par une autre porte. On peut imaginer les comportements que cette situation risque de générer : certains, les plus près de la porte d'entrée, vont être surpris par cette intrusion et vont sans doute sursauter. D'autres, très attachés à la qualité de leur travail, vont tenter de s'interposer et de bloquer le clown pour que la séance de travail ne soit pas perturbée. D'autres encore vont trouver l'incident amusant : « pour une fois que l'on peut rire dans une réunion, c'est plutôt sympathique ». Bref : on peut imaginer les impacts comportementaux que cette intrusion pourra avoir.

Prenons un autre cas de figure, dans la même salle, toujours en train de travailler. Tout à coup, l'animateur de la séance de travail dit : « Mesdames, Messieurs, dans 20 secondes précisément, un homme va faire irruption dans la pièce, il sera habillé en clown et il jouera de la clarinette. Il va rentrer par cette porte, traverser la pièce et sortir par l'autre porte ». Les 20 secondes passent : le clown entre. Les gens ne sursautent pas, ne tentent pas de l'interpeller, ne rient pas. Ils se demandent ce qui se passe, pensent que le clown va poser des questions, s'interrogent sur le processus pédagogique sous-jacent. Conclusion : est-ce que les gens ont changé? Non! Est-ce que l'événement a changé? Non! Qu'est-ce qui a changé? Simplement le degré d'information sur l'événement. Ils ont été prévenus, ils ont anticipé et, de ce fait, leurs comportements sont différents.

La première question que doit se poser un manager est : « que va-t-il se passer? ».

En séminaire de management, pour aider les chefs d'entreprises à réfléchir à leur incapacité à envisager le lendemain, nous leur demandons d'inscrire dans une colonne « aujourd'hui » ce qui caractérise leur entreprise dans le temps présent, et de formuler dans une colonne « demain » ce qui va la caractériser prochainement.

Les résultats obtenus sont toujours déconcertants : les chefs d'entreprises inscrivent généralement dans la case « aujourd'hui » ce qui a fait leur entreprise hier, et dans la case « demain » ce qui fait leur entreprise aujourd'hui. C'est une constante comportementale humaine : demandez à quelqu'un de penser demain, il vous parlera davantage de ce qui se passe aujourd'hui.

Demandez à votre conjoint d'indiquer le risque principal qui pèse sur votre couple, il vous donnera spontanément non un risque potentiel mais une réalité avérée.

Deuxième constante comportementale : on ne perçoit pas ce à quoi on n'a pas déjà réfléchi. Il faut que la grenouille imagine que l'eau puisse chauffer pour penser à s'extraire de l'eau.

Pour abaisser le seuil de perception des collaborateurs, il est utile de s'exercer à mieux anticiper.

Attention : mieux anticiper ne signifie pas jouer les Madame Soleil. Mieux anticiper, c'est s'exercer à concevoir plusieurs scénarios pour demain. Il existe deux techniques pour conduire une logique de scénarios. La première est celle de la « rétrospection négative ». On demande aux collaborateurs de se projeter dans le futur en imaginant que leur projet collectif dépose le bilan, par exemple dans 5 ans. La question posée est « quelles sont les meilleures façons d'échouer, de se casser la figure ? ». En répondant à cette question, le groupe va identifier les ingrédients de l'échec. Il est alors possible de revenir au présent et de porter un regard critique : « dans ce que nous faisons aujourd'hui, retrouve-t-on ces ingrédients ? et si oui que faisons-nous ? »

La seconde technique est celle du « *what if?* », démarche conduite en 1972 et 1973 par Pierre Wack, responsable de la planification du groupe Shell.

Persuadé que de grands bouleversements allaient intervenir sur le marché pétrolier, Pierre Wack tente de convaincre l'encadrement du groupe qu'il faut changer de façon de voir. Pour amener cette réflexion, il fournit à son encadrement des informations sur l'état du marché. Mais dans leur grande majorité, les cadres refusent d'en tenir compte. Pierre Wack conclut à l'échec de la méthode consistant à donner des informations.

Il décide alors de provoquer des changements d'état d'esprit. Pour ce faire, il demande aux cadres de formuler des hypothèses, puis de développer des scénarios décrivant les conditions de réussite de ces mêmes hypothèses. C'est en effectuant cette réflexion que les cadres réalisent que les conditions qu'ils avaient mises en évidence n'étaient plus d'actualité : le marché pétrolier était en évolution.

Sur cette base, Pierre Wack les aida à réfléchir à différents scénarios possibles.

Lorsque la crise pétrolière éclata fin 1973, Shell décentralisa les pouvoirs tandis que ses concurrents décidèrent de les centraliser.

En 1970, Shell était considérée comme le canard boiteux des sept Big Ones. Six ans après le choc pétrolier, il était considéré comme l'un des plus puissants. Comment cela a-t-il été possible ?

L'entraînement de l'encadrement a permis de négocier la crise en amenant les mentalités à accepter de concevoir plusieurs avenirs. Tel est le sens de l'anticipation : prévoir des scénarios différents, ventiler en plusieurs voies possibles l'autoroute sur laquelle on évolue. C'est là une démarche volontariste : pour mieux faire face aux changements de l'environnement, les acteurs de l'entreprise tentent délibérément d'envisager plusieurs futurs. En s'exerçant à imaginer différents modèles pour demain, le chef d'entreprise détecte des signaux qui lui permettent d'organiser son action.

La logique des scénarios vise à abaisser le seuil de perception et permettre ainsi la détection des signaux faibles par préparation des mentalités, par élargissement du champ des possibles. Avant d'être dans l'organisation, la réactivité est dans les têtes.

La logique des scénarios s'adresse d'abord et avant tout à une population de cadres. Au niveau opérationnel, pour préparer les mentalités au changement on peut envisager d'autres techniques. Par exemple, en lieu et place de l'entretien annuel d'appréciation qui ennuie généralement tout le monde, on peut faire le toilettage annuel des métiers. On trace deux axes qui se coupent et on commence par la case en bas à gauche en demandant aux collaborateurs de se poser la question « qu'est-ce que je prépare pour mon métier de demain? » Puis on passe à la case en bas à droite : « qu'est-ce que je valide, qu'est-ce qui me paraît intéressant? » En haut à droite : « qu'est-ce que je garde, quels sont les fondamentaux de mon métier, ceux qui ne sont pas susceptibles d'évolutions importantes? » En haut à gauche : « qu'est-ce que je jette? » Et l'on s'aperçoit que peu de gens jettent. Comme si nous avions peur de manquer, nous accumulons ce que nous connaissons, comme les réserves de sucre pendant la guerre. Quand les métiers se modifient, on continue de faire ce que l'on faisait avant et l'on rajoute quelque chose en plus. Attention au toilettage des métiers : il ne s'agit pas de bloquer les collaborateurs en leur donnant le sentiment qu'il s'agit de supprimer le travail. Comme pour la logique des scénarios, l'objectif est de préparer toutes les mentalités au changement.

L'homme n'est pas naturellement disposé à envisager plusieurs demains. En effet, lorsque nous demandons à une centaine de jeunes ce qu'ils envisagent de faire dans les cinq ans qui viennent, nous obtenons une réponse par personne. Si on demande à ces mêmes jeunes d'oublier leur choix, seul 50 % parviennent à en formuler un second. Si on leur demande de formuler une troisième possibilité d'avenir, on n'obtient que 10 % de réponse! C'est dire que, dès la fin de notre formation, nous avons tendance à entrer dans une logique mono-voie : nous avons imaginé notre futur et ne sommes pas prêts à envisager qu'il ne se réalise pas. Et pourtant, il y a de fortes chances que nous ayons à vivre plusieurs changements importants dans notre vie.

L'objectif, rappelons-le, n'est pas d'envisager trois scénarios pour en avoir un de bon. L'objectif est de préparer les mentalités à fonctionner avec un demain inconnu afin d'améliorer la capacité des hommes à gérer les changements imprévus. L'analogie peut être faite avec l'apprentissage des langues étrangères. Pour la majeure partie d'entre nous, l'apprentissage d'une première langue étrangère requiert un fort investissement. La seconde langue semble plus facile. Il semblerait qu'à partir de la troisième, les difficultés s'amenuisent car l'esprit est habitué à fonctionner avec une logique, une grammaire et une sémantique différentes et inconnues. Ce qui paraît un don résulte en fait d'un exercice.

En entreprise, cet exercice peut s'appuyer sur une question simple : quels changements doit-on vouloir? Cette question devient chaque jour davantage une obligation de survie. Maîtriser le changement, ce n'est pas développer des énergies coercitives visant à stopper le cours des choses. Maîtriser le changement, c'est identifier les accélérations, les ruptures et les mutations lentes qu'il faut vouloir.

▸ Vouloir l'accélération

La rapidité s'impose tant pour la mise à disposition des produits que pour la circulation de l'information. On parle souvent d'une société à deux vitesses : il en va de même pour les entreprises, sachant que celles qui sont lentes sont déjà condamnées à mort. Dans les années 90, Ford a démonté une usine au Brésil pour la réinstaller aux États-Unis. Motif : la réactivité de l'usine est multipliée par six aux États-Unis. Ford a voulu l'accélération.

Puisqu'il n'y aura bientôt plus de place pour les entreprises lentes, il est impératif de faire la chasse aux blocages de l'information dans l'entreprise : remplacer les feux rouges par des ronds-points.

La première cause de lenteur dans les entreprises, et donc la première source de gisement de productivité au sein des structures, se trouve dans la gestion des interfaces, dans la gestion des relations entre les services. Un bref regard sur les organigrammes permet de constater si les lignes hiérarchiques sont là pour cloisonner et compartimenter ou si les cases sont invitées à communiquer entre elles.

▸ Vouloir les ruptures

Scène ordinaire de la vie d'entreprise : deux collaborateurs se croisent; l'un demande « comment ça va? », l'autre répond « ça va bien ». Il arrive parfois, que l'autre réponde « ça va comme un lundi ». Cependant, compte tenu des changements qui se produisent dans les organisations, il ne s'agit plus de savoir comment l'environnement poursuit tranquillement sa route mais d'identifier les ruptures que l'on doit vouloir. Parmi ces ruptures, il est urgent de mettre l'innovation au cœur de l'entreprise et de remplacer la question « comment ça va? » par « quoi de neuf? ». Il faut viser une situation de monopole, en ayant toujours ce « petit plus » qui nous rend différents des autres. C'est en plaçant délibérément l'innovation au cœur de l'entreprise que de très grands succès ont pu être réalisés : contre toute analyse marketing, les Suisses ont lancé une montre bas de gamme – Swatch – qui se porte très bien. Renault lance la Twingo qui est un succès. Désormais, lorsque vous croiserez un collaborateur, demandez-lui « quoi de neuf? ». Et osez une hypothèse provocatrice : celui qui répond « ça va bien » est souvent un naïf ou un menteur. Dans un monde de ruptures, ça ne va pas, ça bouge!

▸ Vouloir les mutations lentes

Enfin, les entreprises doivent se préparer à la mutation lente du positionnement de l'homme par rapport au pouvoir. La première cause de lenteur d'une structure est sa ligne hiérarchique. Aujourd'hui, pour reconnaître un homme au sein de certaines organisations, on lui attribue quelques galons et on lui fait monter une ou deux marches. Il s'agit d'une tendance naturelle, renforcée par des années de pratique. Or nous sommes en concurrence avec des entreprises de tous les pays, notamment de pays asiatiques, qui évoluent selon des schémas organisationnels fort différents. La concurrence est une concurrence de mentalités. Il faut vouloir passer du pouvoir hiérarchique à l'exercice des compétences. C'est la logique des équipes de projet : mis sur pied en fonction des compétences de chacun, le groupe de projet d'aujourd'hui est conduit par un homme qui, demain, sera lui-même intégré dans un groupe de projet conduit par un autre homme. C'est la logique d'Air Liquide chez qui aucune fonction ne justifie un emploi à temps complet. Ce type d'organisation est monnaie courante dans d'autres cultures. Il peut exister chez nous, il va exister chez nous.

L'environnement ne laisse guère de choix : il produit des contraintes de plus en plus fortes avec lesquelles il faut compter.

3

Au secours tout va bien, superbe tout va mal

À propos de contraintes : motrices ou inhibitrices

La contrainte est définie par les dictionnaires comme une violence à laquelle on soumet quelqu'un ou quelque chose. En clair : la contrainte porterait atteinte à la liberté, gênerait, imposerait.

Et pourtant, quel formidable vecteur de progrès ! La contrainte d'aller à l'école nous a permis d'apprendre, la contrainte de l'examen nous a donné la capacité d'exercer notre mémoire, la contrainte sociale nous a permis, par exemple, de devenir propre, etc. Nous progressons par la contrainte.

Sur le moment, lorsqu'on impose à un individu une attitude contraire à son « naturel », il éprouve un sentiment de contrariété et d'effort. Dans une immense majorité des cas, ce sentiment disparaît avec le temps et l'individu contrarié en évoque le souvenir par des formules lapidaires, du style : « Finalement, je suis bien content d'avoir été obligé de passer mon bac, ça m'a permis de poursuivre les études que je souhaitais »; « En fin de compte, quand je regarde les gens qui ne mangent pas convenablement, je suis bien content d'avoir appris à me tenir à table ». Dans ce type de situation, l'individu valide le bien-fondé des contraintes auxquelles ils s'est trouvé confronté : il perçoit la relation positive entre progrès personnel et contrainte. Dans ce cas, nous parlerons de *contraintes motrices*. Autre exemple de contrainte motrice : je roule et je suis confronté à un embouteillage. Je vais vivre de façon très différente cet embouteillage selon que je me rends à la maternité où mon enfant vient de voir le jour (coups de klaxon, dépassements risqués, couloir de bus) ou que je me rends au travail comme d'habitude (énervement, appels depuis mon portable pour prévenir que j'arriverai en retard). Cette différence tient au sens que je donne, dans chaque cas, à mon déplacement.

Tel n'est pas le cas, pour ne prendre que deux exemples, lorsque mon entreprise déménage au 30e étage d'une tour alors que je suis phobique des ascenseurs ou lorsque l'étudiant émotif se trouve incapable de parler face au Grand Jury.

L'individu ne vit pas ce genre de contraintes comme des vecteurs de progrès. Elles lui semblent « trop fortes ». Dans ce cas, nous parlerons de *contraintes inhibitrices* ou contraintes bloquant le mouvement.

Que fait l'individu ou le groupe confronté à une contrainte « trop forte »? Il « fait avec ». Cette contrainte n'étant pas un vecteur de progrès personnel, elle devient un élément de l'environnement autour duquel l'individu ou le groupe s'organise.

Exemple : le chef de ligne de production demande à son agent de maîtrise de lui fournir des suivis chiffrés de production. Ravi de la réponse – « pas de problème » –

il passe au sujet suivant. L'agent de maîtrise pense « si tu crois que je n'ai que ça à faire ». Les suivis chiffrés ne seront pas communiqués au chef de ligne ou seront communiqués sous une forme et dans des délais insatisfaisants. Pourquoi? Parce que l'agent de maîtrise se trouve face à une contrainte trop forte pour lui. La demande du chef de ligne l'extrait de son contexte opérationnel pour le placer dans l'abstraction des chiffres et de l'écrit, avec lesquels il éprouve des difficultés. Il dit « oui » mais pense « non ».

Autre exemple : en 1980, tandis que la France compte environ 1,3 million de chômeurs, la baisse du nombre de chômeurs représente un enjeu électoral majeur. Dix ans plus tard, en 1990, lorsque cette même société affronte trois millions de chômeurs, on assiste à un changement de discours. L'enjeu électoral se déplace : on promet à chacun de vivre dignement. En clair : la société « vit avec » ses trois millions de chômeurs. Passé un certain cap, la société invente le RMI afin de digérer la contrainte. Passé un cap supérieur, elle aménage le RMI et entame le débat sur le partage du temps de travail et les 35 heures. Il ne s'agit plus de lutter contre la contrainte – le chômage – mais de s'organiser autour de celle-ci.

Confronté à une contrainte trop forte, l'individu se bloque. Inversement, sans contrainte, l'individu s'étiole.

Le rôle du manager face à la contrainte

Le problème du chef d'entreprise consiste moins à porter un jugement sur la légitimité des réactions adaptatives de ses collaborateurs qu'à agir sur la relation entre un individu et une contrainte.

En effet, mettre les autres en mouvement et constater qu'ils ne bougent pas est un événement managérial majeur. Peut-on continuer d'appeler manager celui qui génère l'immobilisme dans un contexte changeant? Impossible, puisque le manager est par définition celui qui génère le mouvement, qui produit des contraintes motrices. Le management, c'est la capacité de l'homme à mettre des contraintes motrices sur un système. Un manager est payé pour exercer cette capacité sur les système dont il a la charge, et non pour avoir raison. La problématique du manager, c'est de remettre en mouvement et non de sanctionner l'immobilisme, même s'il est parfois nécessaire de le faire, souvent sans plaisir.

Exemple d'adaptation à des contraintes trop fortes : les ghettos. Alcoolisme, violence, drogue… Les habitants de plusieurs cités françaises connaissent les contraintes. Certains ont absolument envie de se fabriquer un ticket d'accès et parviennent à sortir du ghetto. D'autres se sont organisés en fonction de ces contraintes tellement fortes qu'elles ont franchi leur seuil d'instabilité : ils font avec. On n'a jamais vu un ghetto se réduire naturellement. Alors que les conditions de vie y sont très difficiles, le ghetto a au contraire une tendance naturelle à croître, sans doute en raison de ces mécanismes d'adaptation à des contraintes trop fortes.

Pour générer du mouvement, le manager peut attaquer le problème sous *trois angles* : travailler sur la contrainte elle-même en la fractionnant pour la rendre tolérable; travailler avec l'individu sur le seuil à partir duquel une contrainte motrice devient inhibitrice; travailler simultanément sur la contrainte et sur le seuil. Il s'agit d'une tactique managériale de résolution de problèmes permettant de mieux conjuguer contrainte et « contraint ».

Le fractionnement des contraintes

L'employé chargé de réorganiser un mode de traitement au sein d'un service bancaire avait identifié de nombreux axes d'amélioration et tenté de procéder à un changement radical. Ses collègues firent barrage. Pourquoi ? Parce que l'employé avait mis trop de contraintes dans le système.

Cet exemple est représentatif du problème que rencontrent nombre d'entreprises. Beaucoup de bonnes idées dorment dans les tiroirs. On les connaît mais elles ne fonctionnent pas. Le problème n'est donc pas seulement de définir ce qu'il faut changer mais d'accompagner le changement.

On peut parler de syndrome Juppé ou Allègre : voilà des experts dont tout le monde dit qu'ils avaient raison dans leur analyse. Cependant, leur capacité à mettre le système en mouvement ne fut guère probante. En entreprise, il est difficile de survivre si l'on est 100 % expert et 0 % manager.

Lorsqu'on injecte des contraintes de changement trop fortes, le système s'organise pour rejeter le changement.

Pour mettre en œuvre le changement, le manager doit rendre la contrainte acceptable. Il peut donc choisir d'en diminuer l'intensité, permettant ainsi à ses collaborateurs d'être toujours portés par un vecteur de progrès personnel. Pour ce faire, il peut fractionner en étapes un travail que ses collaborateurs jugent trop important. Il s'agit d'accorder un délai supplémentaire, de mettre une personne en renfort, d'accepter un taux d'échec plus élevé, etc. En fractionnant la contrainte, le manager permet à ses collaborateurs de cheminer plus aisément.

Si le manager ne prend pas l'initiative du fractionnement des contraintes, le managé le fera à sa place. Soumis à des objectifs qu'il ne valide pas, il va les corriger dans son esprit afin de transformer la contrainte inhibitrice en contrainte motrice. Il se substitue à son manager pour fractionner la contrainte, vidant de sa substance la fixation des objectifs et la relation entretenue à cette occasion avec son responsable.

En effet, si une contrainte est perçue comme inhibitrice, son fractionnement s'avère inéluctable : s'il n'est pas réalisé par l'un, il sera effectué par l'autre. Il appartient donc au manager d'en prendre l'initiative.

Mettre en place des contraintes inhibitrices, c'est une faute majeure de management. C'est ne pas avoir su apprécier la capacité de mise en mouvement des individus à qui l'on s'adresse.

À l'inverse, il revient au manager d'indiquer les situations dans lesquelles le système ne tolère pas de fractionnement des contraintes : les consignes anti-incendie, la qualité de l'accueil du client, le zéro défaut sur les fiches de paie, etc.

Lorsqu'il est impossible de fractionner la contrainte, il faut élever la capacité de l'homme à la gérer, en travaillant sur le seuil d'instabilité de l'individu.

L'élévation du seuil d'instabilité

Le seuil d'instabilité désigne le moment à partir duquel une contrainte, jusque-là motrice, devient inhibitrice. Le seuil d'instabilité est variable pour chaque individu ou groupe d'individus selon les contraintes rencontrées et les étapes de leur parcours.

Pour appréhender cette notion en séminaire de management, nous proposons un exercice simple aux chefs d'entreprises. Nous leur demandons de réfléchir à des exemples concrets de contraintes qu'ils ont imposées et qui ont produit peu ou pas d'effet. Chaque participant inscrit sur une feuille de papier au moins dix exemples qu'il juge pertinents. Pour guider la réflexion, il suffit de se reporter aux moments où l'on a dit ou entendu dire « tel collaborateur est inefficace, il ne fait pas ce qu'on lui demande de faire ».

Lorsque tous les exemples sont fournis et qu'il est établi que chacun d'eux illustre un mouvement proche de zéro, nous proposons aux participants de rechercher une solution : qu'est-ce qui, pour chaque situation, aurait pu permettre de procéder différemment ?

Dans toutes les situations, on s'aperçoit que l'absence de mouvement provient d'un déficit de sens, d'un déficit de reconnaissance ou d'un déficit de compétences.

A contrario, pour élever le seuil d'instabilité, il faut ajouter du *sens*, de la *reconnaissance* ou des *compétences*.

▸ Sens

La scène se passe chez un grand constructeur automobile français. Un ouvrier remonte la ligne de production pour se diriger vers l'infirmerie. Le contremaître, qu'il croise, regarde la blessure et constate qu'il s'agit d'une petite entaille. Les médecins internes à l'entreprise ayant la faculté de prescription, l'ouvrier retourne voir le contremaître et lui annonce qu'il sera absent quatre jours pour accident du travail. Le contremaître s'étonne : les cadences étant spécialement tendues ces jours-ci, la présence de l'ouvrier – dont la blessure, apparemment, n'est guère invalidante – serait bienvenue. Réaction de l'ouvrier : « C'est la première fois que l'on me dit que je sers à quelque chose ». Après quelques minutes de discussion, il retourne à son poste de travail.

Le propos n'est bien évidemment pas d'encourager les managers à contredire les médecins lorsqu'ils délivrent un arrêt de travail. Il s'agit simplement de bien mesurer qu'en donnant du sens à l'action de leurs collaborateurs, les managers augmentent la capacité de leurs équipes à accepter les contraintes. Attention au gadget : donner du sens ne veut pas dire changer les dénominations. Appeler un balayeur « technicien de surface » ou « poète du bitume » n'ajoute rien ni à la capacité du balayeur ni à son identité. Il s'agit d'apporter des informations précises et compréhensibles quant à la finalité de l'action entreprise, afin qu'à la question « à quoi sert ce que vous faites? », il soit moins souvent répondu « le chef m'a dit de le faire ».

Dans notre société, la question du sens est centrale. Peu de salariés se disent le matin en allant travailler « chic, on va mettre de l'argent dans la poche de l'actionnaire ».

Nous touchons là au rôle essentiel du capitaine d'industrie et de son encadrement : fournir et transmettre le sens de toute action entreprise.

Bien souvent, nous omettons de transmettre le sens des actions car nous tombons dans le piège de l'évidence : dans la mesure où quelque chose est évident pour moi – en l'occurrence le sens de l'action en cours – je suis mentalement incapable de penser que, peut-être, cela ne l'est pas pour autrui. Je fais donc l'économie d'explications, pourtant indispensables si je veux fournir du sens à l'action entreprise et produire ainsi du mouvement. Je ne dis rien, puisque cela va de soi. L'autre ne dit rien, mais pour lui cela ne va pas de soi. Je m'étonne que mon collaborateur n'ait pas le cœur à l'ouvrage. Je suis tombé dans le piège de l'évidence.

Le problème est rendu plus important parce que notre culture est « *high context* », par opposition aux cultures « *low context* ». En France, par exemple, nous faisons beaucoup de références implicites au contexte parce que celui-ci est censé être connu de tous. En Europe du Nord, on fait moins confiance au contexte et on explique davantage. Exemple pratique : lorsqu'on organise un séminaire *off-site* avec des Suédois, on aura tendance à donner des explications précises, par exemple sur les codes vestimentaires à respecter durant le séminaire. Il ne s'agit pas d'une volonté d'ingérence mais simplement d'un désir de préciser pour rendre la vie plus facile.

La question du sens devient d'autant plus importante que le travail subit une mutation profonde depuis plusieurs décennies : il requiert de moins en moins d'énergie (concept classique de « force de travail ») et de plus en plus de mise en commun de compétences. Cette mutation a une conséquence sur le rôle de la hiérarchie : on ne mobilise pas la compétence intellectuelle par la seule autorité et les seuls *stimuli* financiers. Il devient primordial de mobiliser et canaliser l'intelligence des individus.

Mobiliser l'intelligence, c'est renverser la charge de l'initiative, faire en sorte qu'elle ne vienne pas exclusivement d'en haut mais que chacun puisse exprimer sa propre faculté d'initiative.

Canaliser l'intelligence, c'est passer d'une gestion fondée sur la règle, la norme, la multiplication des règlements et des contrôles à une gestion par le sens.

▸ Reconnaissance

Une employée du service comptabilité travaille de façon satisfaisante. Ses collègues et supérieurs reconnaissent ses qualités : rigueur, disponibilité, amabilité.

Son supérieur hiérarchique étant en congé, le directeur d'un important service de l'entreprise s'adresse directement à elle pour lui demander d'effectuer un travail précis et urgent, qu'elle devra désormais réaliser chaque quinzaine, ce qu'elle fait. Le directeur valide le travail réalisé et réitère sa demande : « Chaque quinzaine, je veux cet état le jeudi avant midi ». Le responsable du service comptabilité rentre de congé. L'employée fait avec lui le bilan des affaires restées en suspens et mentionne ce nouveau travail. Son responsable s'assure qu'elle dispose du temps nécessaire pour le faire. Six mois plus tard, l'employée part en vacances, sans informer ses collègues de la nécessité de transmettre l'état demandé au directeur.

Attitude étonnante pour une personne de sa qualité. Au retour des vacances, son responsable l'avise de la réclamation du directeur : l'état ne lui a pas été fourni. Réponse de l'employée : « J'ai fait ça pour lui rendre service, il ne m'a jamais remerciée, ce n'est pas mon travail ; s'il n'est pas content, il n'a qu'à s'adresser à quelqu'un qui a du temps. »

Un travail réalisé pendant six mois devient tout à coup infaisable faute de temps ? Non, il devient infaisable par manque d'envie, par manque de reconnaissance.

Aucun individu ne fonctionne sans reconnaissance. On le sait mais on l'oublie : notre culture de l'effort nous pousse à trouver normal ce que font nos collaborateurs. Tout au plus leur accorde-t-on une forme de reconnaissance à travers l'argent ou les galons. Pourtant il existe d'autres moyens de fournir de la reconnaissance, à commencer par dire à un collaborateur que ce qu'il fait est bien fait. Préalablement à tout travail de reconception de l'organisation, il faut mener une réflexion de fond sur les modes de reconnaissance.

Comme le disait Cynthia Field, présidente et fondatrice de « Victoria Secrets » (lingerie) « *never underestimate the importance of the word "thank you"* ».

La réflexion sur la reconnaissance doit s'accompagner d'une réflexion sur la mesure. Pour changer les mentalités, il faut changer les instruments d'évaluation. « Pas de scores, pas de vrais matchs » dit le patron de Lilly.

Au-delà de la traditionnelle reconnaissance financière et de la reconnaissance par promotion hiérarchique, il existe d'autres possibilités de reconnaissance : remercier pour le travail réalisé, donner du sens aux actions entreprises, communiquer à l'entourage les compétences de chacun, mettre en place une forme de compagnonnage, organiser le travail sous forme d'équipes à géométrie variable. Dans ce dernier cas, ce sont les compétences requises par le projet qui déterminent l'organisation de l'équipe : le chef de projet n'est pas le responsable hiérarchique permanent mais celui qui dispose des compétences jugées les plus importantes pour ce projet. Compte tenu de l'évolution du *status symbol*, la reconnaissance consiste donc davantage à donner du temps et du sens que de l'argent.

▸ Compétence

Chargé de réaliser une tâche pour laquelle il ne se sent pas formé, un collaborateur s'immobilise. Formé, il accepte plus facilement la contrainte d'une nouvelle tâche. Attention au piège de l'évidence : je sais faire, donc je crois que c'est simple, donc je ne forme pas mes collaborateurs.

Combien d'erreurs avons-nous commises parce que l'on croyait que l'individu savait faire? L'exemple classique est celui du bon commercial qui devient directeur commercial, du bon ouvrier qui devient agent de maîtrise. Erreur de management qui mettent les collaborateurs dans des situations extrêmement délicates.

L'avantage concurrentiel d'une entreprise, c'est d'apprendre plus vite que ses concurrents. Le problème de l'apprentissage et de la transmission des connaissances est donc crucial non seulement en matière de gestion des hommes mais également pour la conquête ou le maintien des avantages concurrentiels.

Il est important que l'entreprise s'intéresse à un apprentissage dans la mesure où celui-ci induit une modification de l'action. La formation professionnelle a parfois oublié qu'il ne suffit pas d'envoyer un homme en formation pour qu'il revienne formé. L'individu apprend progressivement à travers quatre stades : la connaissance (je sais que ça existe), la reconnaissance (je suis capable de reconnaître que telle personne se sert de telle connaissance), l'essai (par rapport à un problème donné, j'applique ma connaissance), l'appropriation (je m'approprie la connaissance). C'est uniquement à partir du stade d'appropriation que l'individu change.

En matière de formation professionnelle, l'entreprise doit s'intéresser à la formation-action, celle qui permet à l'individu d'identifier le problème, de proposer des solutions, de vérifier que ça marche et de s'approprier l'outil. Jusqu'en 1990, quantité d'entreprises se sont satisfaites des deux premiers stades : connaissance et reconnaissance. Depuis, la préoccupation du retour sur investissement a poussé nombre d'entreprises à vouloir une formation professionnelle opérationnelle. Il ne s'agit plus d'envoyer les salariés en stages mais de vérifier que chaque collaborateur s'est approprié les connaissances transmises. Cela passe par un nouveau cahier des charges des actions de formation interne : moins de coût, plus d'efficacité.

L'entreprise a besoin de formateurs qui induisent le changement. Le bon formateur professionnel n'est pas celui qui contrôle l'acquisition de connaissances. C'est celui qui identifie les situations professionnelles formatrices existant à l'intérieur de l'entreprise et qui permettront aux individus de se mettre dans une situation de test et d'essai. C'est en fonction de ces situations professionnelles formatrices que le formateur va concevoir son produit de formation.

Pour mieux mesurer combien l'augmentation du seuil d'instabilité permet d'élever les contraintes, il est possible de raisonner par l'absurde. Autrement dit, de mettre en place une stratégie d'échec : imaginez que vous demandiez à un collaborateur de faire une chose pour laquelle il n'est pas formé, qui n'a pas de sens et pour laquelle il n'obtiendra pas de reconnaissance. Le seuil d'instabilité sera très faible et pratiquement toutes les contraintes seront vécues comme inhibitrices.

Vive les ennuis

Dans une période de « vaches grasses », l'entreprise vit dans le danger du « tout va bien ». L'actionnaire est heureux : il a son cash. Les contraintes ne pèsent pas trop lourdement sur la structure. À la fin des années 1960, deux dirigeants d'une importante entreprise – qui se livraient bataille pour prendre la succession du président – pouvaient ainsi s'offrir le luxe d'installer deux systèmes informatiques différents. Chacun refusait de négocier avec l'autre et obtenait une ligne de crédit. Les millions de francs dépensés ne provoquaient pas d'émotion. Que la dépense ne corresponde à aucun objectif de l'entreprise ne gênait guère. C'est l'effet anesthésiant du succès.

Ce genre de caprice est difficilement pensable aujourd'hui : la crise agit comme contrainte porteuse de sens. La contrainte de la rentabilité élève le seuil d'instabilité du système « entreprise ».

Lorsque la loi oblige les conseils généraux à procéder par appels d'offre pour le transport scolaire, l'entreprise qui était jusqu'alors en situation de monopole se trouve brutalement confrontée à son environnement. Il s'agit pour elle d'une vraie rupture. En période de monopole, la structure de coûts avait progressivement grimpé. L'entrée en concurrence augmente le seuil d'instabilité : il n'est plus possible de faire vivre l'entreprise avec de tels coûts, chacun le comprend rapidement. L'entrée en concurrence fait également disparaître l'ennui qui s'installe lorsque les contraintes sont faibles.

Quand une entreprise gagne de l'argent, elle se dit qu'elle fonctionne bien : les frais *généraux* deviennent *généreux*. Dès que survient un accident (crise économique, crise financière, etc.), les marges baissent et l'on se rend alors mieux compte de toutes les erreurs commises quand les vaches étaient grasses et les prés bien verts. On passe du Prix de l'Excellence au Coût de l'Excellence.

Le danger du « tout va bien » cède la place à l'opportunité du « tout va mal » : les turbulences de l'environnement entrent dans l'entreprise et modifient les données de base. En d'autres termes : l'homme confronté à des contraintes qui sont pour lui porteuses de sens est capable de les digérer et de faire des choses extraordinaires.

Il n'y a pas de progrès sans contrainte. Certaines personnes âgées passent leur temps à se supprimer des contraintes et accélèrent ainsi leur vieillissement : « ce n'est plus pour moi, c'était bien dans le temps, mais je ne vais plus m'embêter avec ça maintenant ». D'autres restent en prise avec le monde soit en raison de contraintes subies (une retraite insuffisante qui oblige à continuer de travailler, une fille divorcée qui revient à la maison avec ses enfants, etc.) ou voulues (activités, voyages).

Inversement, l'homme est capable de subir son environnement et de se laisser guider par son stress.

4

Il doit y avoir une erreur

La résolution de problèmes : une activité permanente

La journée d'un homme est constituée d'une succession de problèmes dont certains trouvent leur solution au moment même où ils se posent : la force de l'habitude et de l'apprentissage joue en faveur de cette simultanéité. D'autres, plus inhabituels, nécessitent un minimum de réflexion mais la solution intervient rapidement car ces problèmes demeurent simples.

Problèmes non apparents et solutions acquises par la force de l'habitude : à quelle heure dois-je me lever pour aller à mon travail? Quel itinéraire suivre pour arriver à mon bureau? Comment m'habiller en fonction du temps qu'il fait? Ces problèmes ne sont plus perçus par l'individu, qui les résout au moment même où ils se posent : ils ont été apprivoisés jusqu'à en devenir inexistants.

Problèmes et solutions simples : où puis-je trouver rapidement une station de taxi dans un quartier de

Paris que je ne connais pas ? Solution : je regarde alentour, je questionne les passants, je surveille les taxis qui passent en maraude. La tactique de résolution de cette catégorie de problèmes fait appel à certains automatismes : l'individu n'a pas forcément la solution mais il sait mettre en œuvre les opérations nécessaires pour dénouer le problème. Si le quartier m'est inconnu, je fais appel à une opération simple : demander aux gens qui le connaissent.

Ces deux types de problèmes présentent une caractéristique commune : ils ne provoquent aucun déclenchement neurobiologique particulier attestant de la gêne qu'ils occasionnent. Dans le premier cas, l'homme ne se rend même pas compte que problème et solution l'ont habité ; dans le second, il trouve rapidement la solution.

Nous avons choisi d'appeler « turbulences » une troisième catégorie de problèmes : *ceux qui ne trouvent pas de solution immédiate*. Exemples de turbulences : j'attends le renouvellement d'un contrat et je ne l'obtiens pas ; j'apprends qu'un concurrent met sur le marché un produit 30 % moins cher que le mien ; j'attends les décisions de la Commission européenne pour connaître mes obligations en termes de gel de terres agricoles ; je me demande pourquoi je me lève alors que je vais finir par mourir. Ces questions trouvent rarement une réponse automatique ou rapide car elles se situent dans la catégorie des problèmes complexes dont le traitement requiert une forte consommation d'énergie mentale et physique. La réponse est nécessairement originale et construite.

Personne ne peut s'extraire de cette logique et faire comme si les turbulences de l'environnement n'existaient pas.

Du fluide au turbulent

Scénario catastrophe : à peine réveillé, j'ai une altercation avec ma femme. Le désaccord est profond et les explications prennent du temps, tant et si bien que je pars en retard à mon travail. Je monte dans ma voiture et tente de rattraper le temps perdu en appuyant sur l'accélérateur, risquant quelques imprudences. Je me hasarde à une queue de poisson qui me vaut immédiatement une volée de coups de klaxon et un échange d'injures avec un automobiliste. J'arrive au bureau en retard. J'entre et demande à ma secrétaire d'annuler sans tarder deux rendez-vous dans la journée afin de pouvoir effectuer le travail qui me reste à faire. Ma secrétaire m'indique que tous les rendez-vous du jour ont déjà été reportés une fois à mon initiative. Sa réflexion m'irrite, je le lui fais savoir : un froid s'installe. À la fin de la journée, je rentre, énervé, harassé. Mon fils s'agite et, au bout d'une dizaine de minutes, reçoit la punition que je lui avais promise s'il ne se calmait pas. Je me couche, usé par cette journée, et je ne parviens pas à décompresser. Je pense à ma vie, vide de sens, à cette énergie dépensée pour si peu de bonheur. Mes considérations philosophiques m'empêchent de trouver le sommeil.

Ce scénario catastrophe met en scène tous les types de turbulences qui existent : turbulences de l'environnement professionnel (altercation avec la secrétaire), social (altercation avec un automobiliste), familial (altercation avec le conjoint et le fils), physique (fatigue), interne (questionnement sur le sens de la vie).

Nous sommes ainsi amenés à un constat : *l'individu ne découpe pas l'environnement en autant de sous-parties qu'il y a de types de turbulences*. En effet, l'altercation survenue le matin avec le conjoint peut rejaillir sur l'ensemble des environnements dans lesquels l'individu va évoluer durant la journée. Les turbulences peuvent s'enchaîner les unes aux autres, s'additionner et appeler des réponses globales.

Les cinq environnements identifiés sont donc conceptuels. Dans la réalité, ils existent solidairement pour fournir le cadre du dialogue que l'homme entretient avec son environnement : homme, turbulence, impact de la turbulence sur l'homme, réponse apportée par l'homme.

Au risque de paraître réducteur, on peut dire que, face à l'impact d'une turbulence, l'homme fournit deux types de réponses : des réponses adaptées et des réponses non adaptées.

Les gammes de réponses possibles

Une réponse adaptée est celle qui se fait au bénéfice de l'individu ou de son environnement. Une réponse non adaptée est celle qui se fait au détriment de l'individu ou de son environnement. La distinction entre réponses adaptées et réponses non adaptées provient de l'observation de deux types de comportements. Un comportement d'optimisation de la situation, que nous qualifions de réponse adaptée : dans ce cas, l'individu fournit une réponse qui représente un faible coût énergétique et le rapproche davantage d'autrui. Un second comportement, que nous appelons réponse non adaptée, se traduit par des dysfonctionnements. Il est possible de repérer une réponse non adaptée par l'apparition de signes diagnostics psychologiques (agressivité, isolement) et somatiques (voir ci-après « Ça peut vous arriver un jour »). Une réponse non adaptée débouche soit sur un processus d'isolement psychologique, soit sur l'agressivité envers autrui, soit sur l'augmentation du taux d'erreur.

Il ne s'agit pas de classer les réponses ou de décréter une fois pour toutes qu'un comportement donné est adapté ou non adapté. Il existe une gamme de réponses qui, à un extrême, s'oriente vers l'amélioration et, à l'autre extrême, vers le dysfonctionnement.

Il serait d'ailleurs caricatural de rechercher, dans la réalité, des modèles de réponses parfaitement adaptées ou de réponses totalement non adaptées. La réalité est nuancée : une réponse peut apparaître adaptée à un moment de la journée et non à un autre, adaptée pour certaines personnes et non pour d'autres. De même, un individu peut considérer que, face à une turbulence, toutes les réponses possibles sont insatisfaisantes car elles sont adaptées selon certains critères et non adaptées selon d'autres.

En d'autres termes, l'homme est toujours un acteur face aux turbulences de son environnement. En effet, il y a un monde entre celui qui coule avec le bateau et celui qui, depuis la berge, se dit que le bateau va probablement couler : l'homme réagit différemment selon qu'il évolue dans un environnement événementiel – sur le bateau, où le naufrage est une turbulence forte – ou dans un environnement fluide – sur la berge, où le naufrage n'est qu'une turbulence secondaire. Celui qui est dans l'événement fournit davantage de réponses non adaptées. Celui qui est hors de l'événement – on parle de *métaposition* – fournit davantage de réponses adaptées. Extérieur à l'événement, il en a une vision plus large, ce qui lui permet de mieux comprendre son environnement et donc de donner davantage de réponses adaptées.

Il appartient donc au manager d'utiliser la distance qui le sépare des turbulences de l'environnement de ses collaborateurs pour mieux lire la relation turbulences-individu et favoriser ainsi les réponses adaptées.

L'utilisation de la distance renvoie à la capacité des cadres à intégrer des contraintes plus larges. Il s'agit d'un facteur différenciant pour les managers : celui qui travaille au niveau groupe n'a pas la même vision que celui qui opère dans une division du même groupe. C'est tout le problème du champ de vision, vraie problématique de développement des cadres.

Pour mieux lire la relation turbulence-individu, le manager peut s'appuyer sur les signaux émis par ses collaborateurs : agressivité, isolement et augmentation du taux d'erreurs indiquent qu'il y a turbulence et réponse non adaptée.

Les entreprises sont d'ailleurs confrontées à un changement de types de turbulences. Auparavant, la question centrale était celle de la relation avec l'autorité à l'intérieur de l'entreprise. Actuellement, sous l'influence d'une forte poussée de l'autonomisation des acteurs, les gens se posent davantage la question « est-ce que je vais être capable de? » La turbulence a changé de nature : on assiste à davantage de dépression ou de dopage pour « tenir le coup ».

Cette lecture s'impose maintenant plus que jamais. Pourquoi? Si l'environnement est fluide, le management est plus aisé : la croissance à deux chiffres simplifie les relations. Or tout se complique car nous vivons actuellement dans un environnement événementiel où l'homme a plutôt tendance à développer des réponses non adaptées. Le passage d'un environnement fluide à un environnement événementiel a d'ailleurs conduit certains managers à mettre en place des écoles de la difficulté. Il s'agit de mettre la turbulence au cœur de la relation entre les hommes et l'environnement afin de favoriser la gestion adaptée des contraintes. Ce type d'apprentissage constitue une réponse de management face aux turbulences de l'environnement ! Donner des réponses adaptées ne se décrète pas. Cela s'apprend (voir chapitres 5 et 6).

Cette approche peut s'utiliser en recrutement : on peut très bien décider de ne pas embaucher des collaborateurs de haut niveau s'il n'y a pas eu dans leur passé professionnel une expérience de fortes turbulences. L'idée sous-jacente est de ne pas investir sur un individu dont le parcours a toujours été lisse et couronné de succès, car il est difficile de prédire comment ce type d'individu réagira lorsqu'il sera confronté à une difficulté majeure. Cela est d'autant plus vrai lorsqu'il s'agit de recruter un cadre de très haut niveau, appelé à prendre des décisions stratégiques qui, par nature, ont un impact à long terme, c'est-à-dire hors du champ de vision. Les recruteurs s'intéressent de plus en plus à ce que l'on peut appeler la performance contextuelle, c'est-à-dire ce que le cadre laisse une fois parti.

Lorsqu'elle est posée en séminaire de management, la question « qu'est-ce que le stress ? » obtient des réponses très diverses. Pour certains, le stress désigne une tension négative qui se caractérise par l'agressivité, l'angoisse et la perte de contrôle ; d'autres y voient une connotation positive et parlent volontiers de moteur, d'aiguillon et d'énergie.

Le terme « stress » trouve son origine dans les travaux de deux Canadiens : Cannon, qui prononce ce terme pour la première fois en 1920, et Hans Seylier – considéré comme le père du stress – qui formule en 1950 une définition de ce concept. Il appelle « stress » l'ensemble des réactions qui prépare un individu, lorsqu'il est confronté à un événement, à la lutte ou à la fuite.

Cette définition englobe les événements d'ordre bactérien (rhume, grippe, hépatite virale), traumatique (accident de voiture, chute à ski) ou psychologique (perte d'un être cher, licenciement, calomnies) qui déclenchent chez l'individu un ensemble de modifications neurobiologiques le préparant à réagir.

Lorsqu'un individu est confronté à un événement, une énergie considérable se met en mouvement au service de l'action ou de la destruction. Dans notre société, les hommes vivent de plus en plus vieux, mais au prix de coûts de « maintenance » de plus en plus élevés.

Lorsqu'ils se livrent à une activité stressante, les amateurs de sensations fortes ont le sentiment d'être en pleine possession de leurs moyens. En termes d'attention, de concentration et de perception par les organes des sens, l'individu stressé peut effectivement être à son rendement maximum ; c'est le fameux stress des échéances scolaires ou professionnelles : remise de rapport, concurrent qui vous surprend, résolution de problèmes financiers.

Mais, à force de tirer sur la corde, il se peut qu'elle casse. À force de solliciter notre organisme, nous augmentons notre taux d'erreurs. L'individu devient moins attentif, son esprit s'absente, il devient vulnérable. Les conséquences peuvent être pénibles pour l'homme et onéreuses pour l'entreprise.

Certaines entreprises transposent de manière simplificatrice des expériences stressantes. C'est le cas du saut à l'élastique utilisé comme technique de formation. Lorsque la mécanique du stress entre en jeu lors d'un tel saut, l'individu ressent un bien-être évident. Les « cadres-sauteurs » témoignent : « je me sens bien ». Effectivement, on se sent toujours bien lorsqu'une situation stressante s'achève. En réalité, les sauteurs se sont

« shootés » avec leurs propres hormones. Le saut à l'élastique, événement identifié, n'est donc pas transposable à l'entreprise. Impossible de dire au cadre qui vient de sauter qu'il n'a plus d'excuse pour justifier sa frousse de prendre la parole en public. Ces deux situations événementielles n'ont aucune commune mesure : quantité, durée et implication de l'événement ne sont pas les mêmes. Le saut est un événement, l'entreprise est multi-événementielle. Le saut dure quelques secondes, l'entreprise fournit continuellement des événements. Le saut implique une peur physique, la prise de parole en public engendre un stress fondé sur l'image que l'individu projette de lui-même.

Il existe des moyens de contrôler et d'encadrer la situation : c'est le cas du groupe d'accueil (chapitre 5) qui permet à l'homme de développer des réactions valorisantes; c'est aussi le cas du double scénario (chapitre 6) qui lui permet d'apprivoiser son stress.

5

Le groupe d'accueil

Subi, le stress peut conduire à fournir davantage de réponses non adaptées. Maîtrisé, il permet de développer des réponses valorisantes pour l'homme et pour l'environnement. Premier outil de la maîtrise du stress : le groupe d'accueil.

Disposer d'un groupe d'accueil

Histoire de singes. Un singe se promène dans une cage dont le plancher est constitué d'un grillage métallique. Une décharge électrique parcourt le plancher de la cage. Simultanément, la cage est éclairée par une lampe bleue. Le singe réagit en développant des réactions neurobiologiques mesurables, entre autres, par l'accélération du rythme cardiaque. L'expérience est répétée plusieurs fois. Il suffit ensuite d'allumer la lampe – sans envoyer de décharge électrique – pour que le rythme cardiaque du singe s'accélère. Le singe est conditionné : il associe la lumière bleue à la décharge électrique. L'éclairage de la cage sans décharge déclenche chez lui un stress important. On modifie alors les conditions d'expérience :

d'autres singes, mâles et femelles, entrent dans la cage. On allume la lampe bleue : le rythme cardiaque du singe initialement présent dans la cage s'accélère beaucoup moins. Le réflexe conditionné est atténué : le singe ne réagit plus de la même façon à l'événement. Explication : entouré de condisciples, ce singe n'est plus le même. Son degré de résistance à l'événement se trouve renforcé lorsqu'il évolue au sein d'un groupe sécurisant.

Histoire d'hommes. Aux États-Unis, des laboratoires d'anthropologie sociale analysent en permanence le fonctionnement de la société américaine et les comportements sociaux. Lors de la catastrophe nucléaire survenue en 1977 à *Three Miles Island*, une mission fédérale, formée d'anthropologues, a observé l'effet de stress entraîné par la catastrophe.

Les chercheurs ont choisi de prendre le taux de cathécholamine urinaire comme élément de mesure du stress, car l'adrénaline, qui accélère le rythme cardiaque, passe dans le sang avant d'être filtrée par les reins et éliminée par les urines sous une forme dérivée, la cathécholamine.

Ils ont fait mesurer ce taux dans les urines de plus de dix mille personnes.

Dès l'accident, les autorités civiles et militaires avaient déterminé un périmètre de sécurité tenant compte de la géographie et des vents dominants à cette époque.

Les anthropologues ont constaté qu'à l'intérieur de ce périmètre de sécurité, c'est-à-dire près du danger, certains sujets montrent une nette augmentation des cathécholamines urinaires. Logique.

À l'extérieur de ce périmètre, on ne trouve pas de nette augmentation de cathécholamines urinaires chez certains sujets. Logique.

À l'intérieur du périmètre, on ne trouve pas, chez certains sujets, de cathécholamines urinaires. Bizarre.

À l'extérieur du périmètre, on trouve une nette augmentation de cathécholamines urinaires chez certains sujets. Bizarre, bizarre.

Les observations, menées en 1977, ont nécessité dix ans de travaux de décodage. Les chercheurs ont constaté un lien entre le taux de cathécholamine et l'isolement des individus à l'intérieur du périmètre de sécurité. À l'inverse, les individus disposant de leur environnement familial et/ou social à l'intérieur de ce même périmètre ont manifesté des signes moindres de stress. Publiés en 1987, les résultats mettent en valeur une conclusion : le degré de résistance d'un individu à l'événement est différent selon que cet individu est isolé ou qu'il bénéficie d'un groupe humain avec lequel il se sent bien.

Le facteur discriminant entre les individus stressés et les individus non stressés n'est pas la proximité du danger mais l'existence du groupe d'accueil.

Même explication que pour le singe.

L'homme qui s'appuie sur un groupe d'accueil augmente donc sa capacité à « digérer » les événements. Par groupe d'accueil, il faut entendre toute structure sur laquelle l'individu a le sentiment de pouvoir s'appuyer : famille, groupe d'amis, communauté idéologique, philosophique, professionnelle, etc. Lorsqu'il a le sentiment qu'il peut s'appuyer sur un groupe sécurisant, l'individu se comporte différemment. Ce constat permet de relativiser toute tentative de classification définitive des individus. Mais les groupes d'accueil sont fragiles : il arrive que les couples divorcent, que des disputes fractionnent la famille, que des mutations professionnelles isolent l'individu.

En augmentant sa résistance à l'événement, l'homme améliore son bien-être : diminution du stress, diminution du taux d'erreur, baisse des tentations de repli sur soi, baisse de l'agressivité. Ce faisant, il améliore sa capacité de contribution et donc le bien-être du groupe auquel il appartient.

Il est intéressant de remarquer que, face à une situation stressante, certains individus se construisent un groupe d'accueil ad hoc pour parvenir à affronter la situation. Un exemple nous a été fourni par les épouses de soldats français partis au Rwanda dans le cadre de l'opération militaro-humanitaire Turquoise en 1994. Peu après que leurs maris aient quitté le sol français, les épouses ont ressenti le besoin de se réunir pour discuter de leur craintes, parler de leur souvenir des précédentes missions, se sentir entourées. Lors d'un reportage télévisé, l'une d'elles confiait : « Maintenant que nous nous retrouvons, cela va mieux ». C'est un cas de réponse adaptée.

Sur le plan personnel, l'individu a donc tout à gagner à investir sur la qualité de son groupe d'accueil : s'il a la chance de pouvoir s'appuyer sur une structure sereine et solide, il augmente sa capacité à digérer les événements.

Il en va de même sur le plan des organisations. Mais le groupe d'accueil ne se décrète pas : impossible de décider de construire l'organisation sur cette base. En revanche, il existe des actions qui favorisent la constitution de groupes d'accueil et d'autres qui les découragent.

Construire un groupe d'accueil

Toute action qui définit des valeurs et objectifs communs ou favorise la compréhension des composantes contribue à transformer l'organisation en groupe d'accueil permettant d'améliorer le degré de résistance des individus aux événements, de diminuer le taux d'erreurs, d'améliorer la performance de l'ensemble. Un bon exemple : le fonctionnement des groupes de projet. Le chef de projet recrute les membres du groupe par cooptation fondée sur les compétences et les affinités autour de valeurs communes.

Marco Iansiti, professeur à la *Harvard Business School,* a illustré l'efficacité qu'apporte à la création de nouveaux produits ou services une conduite de projet menée selon une approche qu'il baptise *system focus* parce qu'elle intègre tout le processus, de la recherche au lancement en passant par le développement. En étudiant comment douze grands groupes informatiques américains, européens et japonais ont créé le même type de module multiprocesseur, Marco Iansiti fait un constat troublant : ceux qui ont dépensé le moins d'argent et d'heures de travail ont abouti au meilleur résultat. Si les phases d'explication et d'intégration sont presque aussi longues dans les entreprises qui fonctionnent en groupe de projet (3,2 ans) que dans celles qui ne fonctionnent pas selon ce modèle (3,5 ans), l'avantage du groupe de projet est écrasant au niveau du développement : 4,5 ans pour 300 personnes par an « contre » 6,5 ans et 800 personnes par an. Marco Iansiti insiste sur la logique collective qui anime les équipes de projet, logique qui leur permet de construire des solutions globales et de ne pas juxtaposer des solutions indépendamment de leurs interactions dans le système final.

En se fondant sur le désir de faire ensemble, cette pratique tend à favoriser l'éclosion du groupe d'accueil.

Par opposition, il est possible de tout faire pour décourager l'éclosion de groupes d'accueil, notamment en misant tout sur le savoir-faire au détriment du savoir-être et en pratiquant quotidiennement la politique du « diviser pour mieux régner ».

Certaines entreprises ont fait le choix de manager par le stress, c'est-à-dire en développant la rivalité entre individus. Ces entreprises-là se sont généralement appuyées sur des succès à court terme : le management par le stress peut marcher mais il y a un prix humain à payer et un turnover important. Dans tous les cas, ce sont rarement des entreprises qui s'inscrivent dans la durée. Le management par le stress peut correspondre à un « truc du moment », notamment quand le court terme gagne la partie, mais il faut rester vigilant par rapport à ce mode de management.

Alors que l'individu n'est jamais plus fort que lorsqu'il est au sein d'un groupe d'accueil, l'expérience nous apprend que nombre d'équipes de direction sont des antithèses de groupe d'accueil.

Cela provient sans doute de deux présupposés erronés : le conflit est vertueux ; le groupe d'accueil est un ventre mou. Plus grave : certains managers pensent que la constitution d'une équipe s'accompagne obligatoirement d'une révision à la baisse des objectifs. Cet argument permet de légitimer l'entretien d'un climat conflictuel. En réalité, nombre de groupes de projet fonctionnent sans réduction à la baisse des objectifs. L'expérience – celle de *Three Miles Island* est éloquente – prouve que le groupe d'accueil est une source de force.

Habitués à fonctionner en logique individuelle, nous avons besoin de favoriser toute action de fonctionnement en logique collective. La définition et la mise en œuvre d'une logique collective est une démarche volontariste qui ne se fixe pas comme objectif de transcender l'individu – à l'instar de certains projets d'entreprise – mais de lui faire une place.

Mettre en œuvre une logique collective nécessite parfois de changer l'organisation : définir des règles du jeu favorisant la constitution de groupes d'accueil, définir des sanctions envers ceux qui empêchent le fonctionnement de ces groupes d'accueil, tout en intégrant le vieux principe « dur avec le produit, doux avec la personne ».

Cette démarche peut également être moins formelle : le groupe d'accueil peut se constituer à la faveur d'un événement.

L'expérience vécue par un ingénieur thermochimique, connu pour sa façon de privilégier la logique collective et de refuser de monter les uns contre les autres, témoigne de cette possibilité. Lors d'un incendie déclaré dans les locaux, et malgré les procédures qui prévoyaient une évacuation immédiate, l'ensemble de l'équipe est restée pour maîtriser le feu. Spontanément, les agents de maîtrise et les ouvriers se sont regroupés autour de l'événement. Ce groupe d'accueil s'est ainsi créé sous l'impulsion tacite de l'ingénieur, sans qu'il ait eu à le constituer *in abstracto*. Noblesse collective « récompensée » puisque l'incendie a été maîtrisé.

À l'inverse, si chaque jour tout est fait pour ne pas favoriser la constitution du groupe d'accueil, celui-ci ne se créera pas à la faveur d'un événement imprévu.

L'intérêt n'est donc pas de se déclarer partisan ou non d'une quelconque théorie du groupe d'accueil : il s'agit de savoir si les comportements adoptés favorisent ou non sa création.

Nombre de managers, lorsqu'ils construisent une équipe percutante, sont des Monsieur Jourdain : ils construisent un groupe d'accueil sans le savoir. Inutile de leur parler du terme groupe d'accueil, l'important est ce qu'ils font.

Inversement, nombre de projets apparemment collectifs sont en réalité marqués du sceau de la logique individuelle. Les retards initiaux de la recherche sur le SIDA s'expliquent partiellement de cette façon. Starisés, les scientifiques ont adopté une logique personnelle et compétitive qui a produit une formidable déperdition d'énergie. Les chercheurs travaillant sur le virus du SIDA ont dépensé une partie de leurs ressources pour se diviser. Les résultats se font attendre... Exactement l'inverse du Projet Manhattan qui a permis aux États-Unis de disposer en un temps record de la bombe atomique. Les chercheurs, soudés notamment par leur appartenance à la communauté juive, ont fonctionné en groupe d'accueil.

Le groupe d'accueil peut également fonctionner de façon négative : « ça ne vient pas de mon groupe, je n'en veux pas ». C'est le syndrome NIH : *Not Invented Here.* Ce syndrome est une source de déperdition colossale : combien de temps les entreprises consacrent-elles à réinventer ce qui est déjà testé à quelques mètres de couloirs ou dans une filiale du même groupe ?

Éclatée, stratifiée, aucune équipe ne gagne. Constat qui amène certaines entreprises, lors de l'embauche de jeunes diplômés, à relativiser le critère du savoir-faire en privilégiant celui du savoir-être : capacité à nouer des relations, à faire avec autrui, à générer un climat favorable au travail d'équipe. Autant de qualités qui constituent le premier pas dans la direction du groupe d'accueil. L'enjeu du recrutement tient alors dans le repérage de ces qualités.

6

Le double scénario

Deuxième outil de la maîtrise du stress : le double scénario, passage d'un raisonnement causal à un raisonnement par objectifs.

Le concept de **deutero-learning**

Une mission locale pour l'emploi. Le quartier est habité par des « jeunes en difficulté ». Les animateurs de cette mission ne ménagent pas leurs efforts pour aider la population. L'un des jeunes pousse la porte : il est issu d'un milieu modeste, a quitté l'école à 16 ans, est déjà passé par une maison de redressement, n'a plus de contact avec sa mère. L'animateur a besoin de comprendre le parcours de ce jeune homme. Il lui demande pourquoi il a quitté l'école à la fin de la troisième, pourquoi il cherche du travail, pourquoi il est allé en prison, pourquoi il n'est pas venu plus tôt à la mission locale, etc. Le jeune homme répond, l'animateur prend des notes. Le rendez-vous s'achève une heure et demie plus tard.

Un observateur chargé d'améliorer le travail de la mission assiste à cette prise de contact. Ensuite, il s'entretient séparément avec les deux protagonistes auxquels il pose la même question : « Quel bilan tirez-vous de votre rencontre? ». L'animateur répond : « Dans le parcours de ce jeune homme, il y a des blocages sur lesquels il faudra travailler pour le remettre en selle. »

Le jeune homme répond : « Je n'ai pas l'impression qu'on va me trouver du travail ». Raison invoquée : « La seule chose qui les intéresse, c'est de nous prouver qu'on s'y est mal pris. Chaque fois, c'est la même chose, je dois raconter mon histoire à des inconnus. Ça ne les regarde pas. »

L'observateur dresse son propre bilan : « L'animateur de la mission locale était persuadé qu'il devait comprendre les causes de la situation de ce jeune homme, afin de mieux orienter son action. Mais celui-ci n'avait aucune envie de parler de son histoire, donc du passé, dont il se sentait peu ou prou coupable. Il n'a donc rien retiré de l'entretien et a conclu qu'il ne remettrait plus les pieds à la mission locale. Bilan : l'animateur a pris des notes qui ne lui serviront à rien. C'est un échec. »

▸ Le poids de l'histoire : la causalité linéaire

Cet échec, qui dépasse le cadre de la mission locale, est celui de l'approche causale, l'approche iceberg.

Selon cette approche classique, l'individu serait découpé en deux parties. Immergés : son inconscient et son histoire (9/10e). Émergée : sa conscience (1/10e). Personne ne sait d'où vient cette proportion 10/90 mais on la trouve fréquemment citée. Pour expliquer la partie émergée, on cherche du côté de la partie immergée : il y aurait toujours là quelque chose qui éclaire ou justifie la manière dont un individu agit ou se situe par rapport à l'environnement auquel il est confronté.

Cette relation entre la manière d'agir/réagir d'un individu et l'origine de cette action/réaction est sous-tendue par la question « pourquoi ? ». Face à un événement, nous éprouvons le besoin de déboucher sur un « parce que ». Il s'agit donc bien d'une vision contemplative des choses : il est question de situer l'individu, de rechercher les causes de son mode de fonctionnement. Vision paralysante : on s'estime satisfait d'avoir découvert ou formulé une cause à l'origine de l'action ou de la réaction, alors que le problème reste entier. Cette approche fonctionne en termes de causalité linéaire dans la mesure où il s'agit de tracer une ligne directe entre l'individu agissant ou réagissant et le mobile de l'action ou de la réaction.

C'est bien cette causalité linéaire qui nous habite instinctivement : nombre de nos phrases commence par « c'est à cause de... », « pourquoi... ? », « c'est parce que... », etc. Pour vous en convaincre, amusez-vous lors d'une prochaine réunion, à mettre une croix sur votre feuille de papier chaque fois qu'un participant utilise une de ces trois locutions. Vous serez surpris de la propension de l'individu à « causaliser » au détriment de la recherche des solutions. Or c'est précisément pour cela que vous avez embauché vos collaborateurs et que vous les payez : pour qu'ils recherchent et mettent en œuvre des solutions !

Confronté à un événement, l'homme tente donc d'identifier une cause, un coupable. Pour effectuer cette recherche, il fait appel au passé, à la mémoire. Dès lors qu'il s'engage dans cette voie, il multiplie les risques de figer l'environnement : le poids de l'histoire est suffisamment dense pour expliquer l'immobilisme. Cette vision mobilise l'homme dans une attitude de « pourquoi contemplatif ». Le poids de l'histoire devient ainsi la cause principale du manque de réactivité des entreprises.

Cette attitude commune et spontanée est aussi le fruit d'un conditionnement scolaire. Le sociologue Edgar Morin a démontré, dans son ouvrage *La Méthode,* qu'en phase préscolaire l'enfant aborde de façon globale les apprentissages complexes tels que la marche ou le langage. Nous sommes tous passés ensuite par un système scolaire qui nous pousse à étudier de façon fractionnée, en « saucissonnant » l'environnement. La pédagogie scolaire nous présente l'Histoire, par exemple, en positionnant un fait par rapport à ses causes immédiates et lointaines : elle semble ainsi oublier que nous sommes *dans* l'Histoire. Ce mode d'apprentissage scolaire contrarie la façon globale d'apprendre qui nous est naturelle. Nous avons donc désappris l'appréhension de la complexité, c'est-à-dire l'appréhension d'une chose *et* de ce qui la lie à l'environnement, et nous sommes amenés, de ce fait, à adopter une attitude de « pourquoi contemplatif ».

Cette attitude produit des effets inhibants chez l'interlocuteur, à l'instar du jeune en difficulté qui n'a pas envie de raconter et d'expliquer son histoire mais qui se trouve obligé de le faire.

Est-il possible de faire autrement? Peut-on poser un regard différent sur l'homme en relation avec l'environnement et adopter une autre attitude?

▸ La force de l'apprentissage : la causalité circulaire

Au lieu de poser la question « pourquoi? » et partir à la recherche de la réponse en s'enfonçant dans l'histoire, il est proposé de poser la question « comment? » et, par là même, de situer l'histoire dans le moment présent. Autrement dit, se demander « comment puis-je agir? » et non plus « pourquoi cela se passe-t-il? ». L'anthropologue américain Gregory Bateson a développé ce nouveau schéma de pensée dans son ouvrage *La Nature et la pensée* et dans le livre *Communication et société* qu'il a écrit avec Surgen Ruesch.

Bateson ne nie pas l'histoire, mais décide d'envisager l'homme différemment. Il sait que l'histoire d'un individu a un effet sur lui mais il décide – il s'agit là d'un *a priori* intellectuel – de ne pas se préoccuper de l'histoire en tant que telle : il cherche plutôt à modifier la façon dont l'individu envisage sa propre histoire.

La substitution du « pourquoi? » par le « comment? » constitue le passage de la causalité linéaire à la causalité circulaire : tourner le dos à l'histoire de l'individu, c'est se préoccuper de ses capacités à mieux réagir à l'événement auquel il est confronté. Bateson introduit le concept d'*apprentissage secondaire* ou *deutero learning* : il ne s'agit plus de rechercher dans le passé la cause de ce qui se produit aujourd'hui mais de rechercher dans le présent la possibilité d'agir sur ce présent.

Bateson poursuivait un objectif ambitieux : si l'individu sait mieux résoudre les problèmes, il sera moins inquiet; s'il est moins inquiet, il sera plus confiant; s'il est plus confiant, il saura mieux résoudre les problèmes; s'il sait mieux résoudre les problèmes... retour à la case départ. La boucle est vertueuse.

Il est intéressant de noter que les deux approches – causalité linéaire et causalité circulaire – ont été développées à partir de traitement de cas pathologiques. En effet, si l'analyse linéaire est partie intégrante de l'héritage de Sigmund Freud, le *deutero learning* a été développé en liaison avec le concept des thérapies brèves.

Cas réel : un patient ne parvient pas à quitter son domicile. Chaque fois qu'il verrouille la porte d'entrée, il ressent le besoin de la rouvrir pour vérifier que le gaz est bien fermé. Il peut ainsi revenir chez lui plus de dix fois avant de trouver un semblant de paix et parvenir à quitter son immeuble. Il s'agit de troubles obsessionnels compulsifs.

Première possibilité d'action : rechercher la *cause* de ce comportement. Plonger dans l'histoire du sujet, partir à la recherche des facteurs explicatifs.

Deuxième possibilité d'action : rechercher la *capacité d'apprentissage* et de changement du sujet. Trouver un moyen d'amener l'individu à modifier son comportement. Pour ce faire, il faut situer l'individu dans le présent, l'amener à tourner le dos à son histoire pour mobiliser son énergie sur le changement. Divers moyens existent, entre autres la *prescription de comportement*. Par exemple, dans le cas précédent, le thérapeute invite l'individu à se déchausser sur le palier chaque fois qu'il quitte son appartement. Dès lors, le patient associe un trouble du comportement à un autre comportement. En surprenant le patient, cette association le conduit à réévaluer le bien-fondé de son comportement phobique initial concernant le gaz.

La question du « comment » introduit donc la notion de causalité circulaire : agir pour découvrir. « Ceux qui veulent réussir trouvent des moyens; les autres, des excuses » (McArthur). Bateson propose d'inverser notre schéma de pensée. Je sais que je ne peux pas agir sur mon histoire. Je n'investis donc pas dans le passé : j'abandonne le « pourquoi ? ». En revanche, je peux agir différemment *aujourd'hui*.

Il ne s'agit pas de nier la propension de l'homme à fonctionner en termes de pourquoi contemplatif mais, par une démarche volontariste, de passer du pourquoi contemplatif au comment actif. Ce passage résulte d'un choix et d'un apprentissage.

Exemple : il existait quinze types d'enveloppes chez IBM. Le directeur financier a mené une opération de *cost cutting* : on est passé de quinze à trois types d'enveloppes. Pour cela, il a fallu changer de schéma mental, accepter que les échelons hiérarchiques ne devaient pas se matérialiser en échelons d'enveloppes. Les frais d'envois ont été divisés par six. Simplement parce qu'on a su regarder les choses autrement.

L'enjeu consiste donc bien à privilégier la mise en mouvement au détriment de l'analyse. Un peu comme l'enfant qui, à partir de sa vision-système, procède par essai-erreur. Il ne connaît pas le poids de l'histoire. Il la construit au présent.

C'est parce que le poids de l'histoire conduit bien souvent à l'échec qu'il est intéressant de s'extraire du pourquoi contemplatif. Nous pensons à l'échec de certains cercles de qualité : dans certains cas, les solutions trouvées par les ouvriers ont été ignorées ou écartées par la hiérarchie car elles mettaient en question des années de pratique; dans d'autres cas, le chef s'est approprié les solutions proposées par la base car, historiquement, il devait jouer son rôle de chef. Ce faisant, la richesse de la pensée opérationnelle a été bannie. Nous pensons aussi aux stagiaires qui rentrent de formation avec l'impossibilité de mettre en pratique ce qu'ils ont appris tant le poids de l'histoire le leur interdit. Le contenu de la formation est oublié. À moins qu'il ne reste présent à l'esprit mais soit rangé dans la cave ou le grenier de l'entreprise.

Les entreprises de services souffrent en premier lieu de ce problème car l'absence de contact avec la matière rend encore plus cruciale l'accélération de la circulation d'information. Or nous vivons aujourd'hui dans un monde où le temps se raccourcit : les informations circulent avec davantage de fluidité. Lorsque l'animateur de la mission locale pour l'emploi demande au jeune en difficulté le pourquoi de son parcours, il a le temps, il va rechercher les causes. Or le temps se contracte : nous sommes passés du temps agraire au temps technologique.

Dans le temps agraire, tout est rythmé par les saisons : en été, nous bronzons et nous mangeons des fraises; lorsque la saison l'exige, les exploitants agricoles recourent aux ouvriers saisonniers; dans certains cantons suisses, les vacances scolaires portent le nom des récoltes : vacances de vendanges, vacances de pommes de terre.

Dans le temps technologique, nous bronzons quand nous le voulons, nous mangeons de tout à n'importe quelle période de l'année, les saisons sont celles des opérations marketing.

Dans un monde en mouvement, nous n'avons plus le temps de fonctionner en pourquoi contemplatif. Il est urgent que les causes s'effacent au profit des objectifs.

Et pourtant, notre environnement nous renvoie constamment au passé : la consultation attentive de la presse écrite ou des mémos d'entreprises révèle que 80 % du volume est consacré aux causes. La lecture de cette littérature renforce notre propension à appréhender les turbulences sous l'angle de la causalité linéaire.

Un « exemple » nous a été donné par le scandale du Crédit Lyonnais durant les années 1990. À partir du moment où le montant des pertes comblées par l'État a été connu, le débat s'est exclusivement organisé autour du pourquoi contemplatif : la presse, les hommes politiques et les milieux d'affaires ont mobilisé leur attention sur la recherche d'un responsable. Personne, notamment au sein de l'appareil étatique, n'a eu l'idée de passer du pourquoi au comment : comment faire pour que ce type de situation ne se reproduise plus, comment organiser la tutelle de l'État sur les entreprises semi-concurrentielles, comment revitaliser les conseils d'administration de ces entreprises pour qu'ils jouent leur rôle et détectent à temps les écarts? Puisque personne ne s'est posé cette question, puisque rien n'a été fait dans cette direction, il est probable que ce type de situation se reproduira. Alors, nous repartirons à la recherche d'un nouveau coupable. Et ainsi de suite. Entre temps, les milliards seront payés par le contribuable!

Même renvoi au passé dans les rapports d'audit qui contiennent généralement 80 pages de diagnostic et une demi-page de solutions. Le discours est toujours semblable : bavard lorsqu'il s'agit de décrire les raisons qui nous ont amenés là où nous sommes, muet ou presque lorsqu'il s'agit de proposer des possibilités d'aller ailleurs. Pour inverser la relation, on pourrait demander à nos auditeurs de nous fournir des rapports comportant une demi-page de diagnostic et 80 pages de solutions. Au préalable, il faudrait peut-être leur parler de *deutero learning*. À moins qu'il ne soit plus facile de leur demander de changer leur système de facturation : passer du jour-homme ou du forfait à un système de facturation au nombre de solutions!

En attendant cette négociation avec nos auditeurs, commençons par nous-mêmes : dans nos écrits et nos discours, accordons 80 % de place aux solutions et 20 % aux causes. Véritable révolution dans la façon de poser les problèmes, de concevoir l'environnement. N'oublions pas que le pourquoi empêche souvent le comment : il faut choisir, les deux optiques étant fréquemment irréconciliables.

Le passage au comment est d'autant plus urgent que l'environnement est de plus en plus changeant. Il y a vingt ans, le marketing pouvait faire des études de marché, balayer méthodiquement le terrain avant que les énergies ne passent à l'action. Aujourd'hui, à peine l'analyse finie, les données ont changé. Le manager n'a plus le temps d'analyser en profondeur avant d'agir. Il doit passer à l'action avec rapidité et accepter un degré maximal d'incertitude. C'est en faisant qu'il apprend. C'est en agissant que la courbe d'incertitude diminue et que la courbe d'apprentissage augmente. Au moment où se croisent ces deux courbes, le manager décide de l'irréversibilité de l'action.

On n'étudie plus avant de faire : on apprend en faisant.

Pour favoriser ce passage du raisonnement causal au raisonnement par objectifs, il faut passer du scénario pile au scénario face.

Scénario pile : l'attitude mentale spontanée

Un homme roule au volant de sa voiture. Récemment acquise, cette petite voiture d'occasion a grevé le modeste budget du conducteur. L'homme commet une légère erreur de pilotage : la roue avant heurte le trottoir. Bilan : il faut changer le pneu et la jante. Coup dur pour cet homme et pour son budget. Assurément, il s'agit d'un événement. À peine l'accident survenu, le conducteur réfléchit aux moyens de réparer lui-même les dégâts.

Même scénario chez une personne aux revenus plus importants. Le problème posé n'est pas l'argent qu'il va falloir dépenser pour la réparation mais plutôt l'immobilisation de la voiture durant les travaux. L'événement change donc de nature.

Scène identique chez une personne très riche qui circule en compagnie de son chauffeur. Le passager quitte la voiture et saute dans un taxi à bord duquel il reprend la lecture attentive de son journal habituel. Il s'agit plus d'un incident que d'un événement.

La notion même d'événement est donc individuelle : une situation donnée peut constituer un événement pour un individu et passer inaperçue aux yeux d'un autre. On remarque cependant des constantes dans l'attitude mentale que développe l'individu lorsqu'il est confronté à l'événement.

Un exercice simple, lors de séminaires de management, permet de mettre à jour ces constantes. Nous demandons aux participants de faire une liste des petits et grands événements qu'ils ont récemment vécus. La matière est abondante.

Extraits des turbulences rencontrées :

- j'apprends que des rumeurs désagréables circulent à mon sujet;
- je me retrouve coincé dans les embouteillages alors que j'ai rendez-vous avec un gros client pour signer le contrat;
- mon plus gros client me téléphone pour se plaindre de ne pas avoir été livré à temps;
- mon épouse qui a 45 ans a été licenciée après 20 ans d'ancienneté;
- je ne suis pas payé à temps et je perds ma sécurité de trésorerie.

On demande ensuite de commenter librement l'événement choisi.

▸ Première constante : la recherche du coupable

Cette recherche du coupable transparaît dans la formulation même de l'événement : l'individu se pose en spectateur de la situation, l'acteur est un autre. Les mots utilisés pour décrire l'événement appellent la désignation d'un auteur qui sera rapidement posé en coupable : « j'apprends que... », « je me retrouve coincé... », « on m'appelle pour me dire... », « mon épouse a été licenciée... », « je ne suis pas payé... ».

L'« externalisation » du problème représente une mesure de sauvegarde pour les individus. C'est bien parce que nous avons un scénario pile spontané, qui nous permet de désigner un coupable, que nous ne sommes pas dans la permanente remise en cause de nous-mêmes. La recherche du coupable est donc aussi une démarche salubre.

Inutile de préciser que le coupable ce n'est jamais nous. Ce ne peut être que l'autre, responsable de tous nos malheurs. D'ailleurs, on le sentait bien : on savait qu'il ne fallait pas lui faire confiance. Mais les choses ne se passeront pas de la sorte : la vengeance pointe à l'horizon.

▸ Deuxième constante : la vision négative du système

Non contents d'avoir identifié le coupable, nous mettons sur la sellette le système à l'intérieur duquel nous fonctionnons. L'accent est mis sur les lourdeurs, les lenteurs, les aberrations de ce système et sur tout ce qui en alimente une vision négative.

Ainsi, celui qui se trouve coincé dans les embouteillages se lamente-t-il de ces banlieusards qui n'utilisent pas les transports en commun et encombrent la ville avec leur voiture individuelle... « et en plus il n'y a qu'une personne par voiture, ils pourraient au moins se regrouper ». Quant au client qui se plaint de ne pas avoir été livré, il n'a qu'à formuler ses critiques au service livraison, ça leur fera les pieds, ils travaillent mal. L'épouse fait les frais d'une société qui n'a aucune considération pour l'humain. Enfin, les problèmes de trésorerie consécutifs aux impayés témoignent de l'indifférence générale quant à la mort progressive des PME dans notre pays.

▸ Troisième constante : la projection négative dans l'avenir

Le système ayant été caractérisé dans ses aspects négatifs, nous quittons le moment présent pour imaginer le futur. Ce qui va arriver, ce qui ne manquera pas de se passer. Cette projection ne repose généralement sur aucun argument solide. Elle contribue à aggraver l'importance de l'événement auquel nous sommes confrontés.

Ainsi nous imaginons qu'un jour, une personne ayant fait l'objet de rumeurs particulièrement blessantes finira par se suicider dans l'entreprise. De même, il y a fort à parier qu'avec tous ces embouteillages, les chefs d'entreprises finiront par ne plus se déplacer pour des contrats inférieurs à 100 000 euros. Et si ça continue, plus personne ne sous-traitera les transports. Que dire du jour où tous ceux qui ont été licenciés mèneront des opérations ponctuelles de sabotage des entreprises. Quant aux questions de trésorerie, c'est encore plus simple : un jour ce sera le banquier qui dirigera mon entreprise.

▸ Quatrième constante : auto-dévaluation

Dernier acte de l'attitude mentale spontanée : la vision dévalorisante de soi-même. C'est la litanie des lamentations mentales qui se bousculent dans notre esprit lorsque nous sommes confrontés à un événement. Litanie dans sa forme la plus manifeste : « Je n'ai pas de chance, d'ailleurs je n'en ai jamais eu et je n'y arriverai jamais ». Dans sa forme la plus globale : « De toute façon, on ne peut rien changer tout seul, on n'a pas de pouvoir, alors on s'écrase comme les autres et on attend la retraite, si tant est qu'elle nous soit payée. »

Caricatural ? Le lecteur qui se sera livré à l'exercice aura sans doute expérimenté combien ces phases se vérifient :

- identification d'un coupable ;
- vision négative du système ;
- projection négative dans l'avenir ;
- auto-dévalorisation.

L'expérience indique que ce scénario, décrivant une attitude mentale face à l'événement, survient spontanément, d'où l'idée d'un scénario pile. À l'évidence, l'attitude pile est constituée d'une succession de réponses non adaptées, réponses qui n'apportent aucune solution au problème.

Puisque l'attitude pile n'enrichit pas l'individu, envisageons le revers : l'attitude face.

Scénario face : les attitudes apprises

Quelle que soit la situation – ou l'événement ou la turbulence – à laquelle l'homme est confronté, il existe une autre attitude mentale possible qui n'est pas spontanée : elle s'apprend.

Contrairement à l'attitude spontanée, elle ne cherche pas à identifier un coupable, ne s'attarde pas sur une description négative du système, ne préjuge pas négativement de ce que nous sommes.

Cette autre attitude est tournée vers le comment et s'articule donc vers des questions actives : que puis-je faire dans le cas d'espèce ? comment puis-je agir ? quels profits puis-je retirer de la situation dans laquelle je me trouve ?

On ne peut changer l'événement auquel l'homme est confronté mais on peut changer la façon dont celui-ci regarde l'événement. En clair : éviter le pourquoi contemplatif pour se consacrer exclusivement au comment actif.

L'attitude face vise une forme de rigueur dans la gestion de son économie personnelle. En effet, pour éviter de se trouver prisonnier de la mécanique de combustion interne du stress, l'homme est invité à ré-interpréter la situation à laquelle il est confronté.

Ce passage du scénario pile au scénario face résulte avant tout de la compréhension, par l'individu, des impasses auxquelles conduit le scénario pile.

Prenons deux exemples d'impasse : identification du coupable et vision négative du futur.

▸ Identification du coupable : impasse

Qu'elle débouche sur un concept d'ordre général ou sur un individu particulier, l'identification du coupable conduit à l'impasse du point de vue de l'action.

En effet, lorsque j'ai identifié que le manque de communication est responsable de l'augmentation des suicides, je ne dispose d'aucune piste ou moyen d'action. Le coupable est un concept, par nature immatériel, complexe, hors de mon champ d'action.

Autre exemple : lorsque l'obsolescence de ma ligne de produits est attribuable au service Recherche et Développement et lorsque j'ai congédié l'ensemble des personnes de ce service, ce n'est pas pour autant que mon entreprise renoue avec le marché.

Le passage du scénario pile au scénario face s'effectue notamment par ce constat : la recherche du coupable est une démarche accusatrice qui n'est pas au service de l'action et ne permet donc pas aux acteurs de l'entreprise de fonctionner dans un monde économique en mouvement.

▸ Vision négative de l'avenir : impasse

Lorsque l'individu développe une vision négative de l'avenir, il est en route vers l'impasse.

Cette vision négative provient notamment de la boîte noire contenue dans la tête de chaque individu : une boîte où il stocke les informations relatives à des expériences vécues lui ayant procuré un faible niveau de satisfaction. Tous les jours, nous remplissons notre boîte noire en y logeant tout ce qui, pensé ou commis, ne nous a guère satisfaits. Un individu sans boîte noire se reconnaît à l'auréole qui gravite au-dessus de sa tête !

La confrontation de l'individu avec un événement agit comme une clé d'ouverture de cette boîte noire, ouverture qui provoque deux *feed-back* négatifs : elle renforce l'événement en tant que tel et elle renforce l'impact de cet événement. Ce double *feed-back* conduit à une vision négative de l'avenir. Il n'y a pas plus suspicieux qu'un homme qui a déjà trompé sa femme !

Passer du scénario pile au scénario face, c'est d'abord et avant tout accepter l'existence de la boîte noire et le fait qu'elle se remplit chaque jour. C'est aussi comprendre le mécanisme par lequel l'événement agit comme une clé. C'est, enfin, choisir de ne pas s'attarder sur cette vision négative que nous projetons naturellement mais, au contraire, de privilégier une vision différente axée autour de la question : « comment ? »

Confronté à un événement, l'homme fonctionne généralement de la même façon : son attitude mentale spontanée le conduit à commencer par jouer « pile » et à se détruire ou détruire son entourage.

La question est simple : combien de temps faut-il pour que l'homme joue l'autre scénario, le scénario face ?

Le temps de changement d'attitude, de changement de réponse, de changement de scénario est variable pour chaque individu : il varie de quelques secondes à quelques années.

Fournir une réponse adaptée, c'est s'entraîner à diminuer ce temps.

Premier écueil à éviter : croire que l'on peut échapper au scénario pile. Impossible : il s'agit d'une attitude mentale spontanée. Par contre, le simple fait d'en prendre conscience nous entraîne vers le scénario face.

Au-delà de la prise de conscience, il est possible d'accélérer l'apprentissage en s'entraînant par auto-formation.

L'auto-formation : pile ou face

Les conditions de réussite de l'apprentissage sont doubles : niveau d'exigence faible et répétition.

Niveau d'exigence faible : il faut d'abord s'entraîner à appliquer le double scénario dans les situations les plus banales de la vie quotidienne avant de l'appliquer aux situations plus complexes.

Répétition : c'est la clé de tout apprentissage. Un joueur de tennis qui veut perfectionner son coup droit répète sans cesse son coup droit !

Le fonctionnement mental n'échappe pas à cette logique d'apprentissage : le perfectionnement se fait au prix de la répétition. Si l'on admet que nous sommes spontanément attirés vers pile mais que nous aurions intérêt à jouer face, c'est au prix d'un entraînement répétitif au changement d'attitude que nous nous perfectionnerons au « jeu de face ».

Mais que signifie l'expression « se perfectionner » ? Il s'agit tout simplement de reconsidérer les événements auxquels nous sommes confrontés, l'objectif étant d'éviter les conséquences pathologiques du stress et de nous engager vers une ouverture à l'environnement.

Applications pratiques

Nous avons vu que les quatre axes du scénario pile structurent la réponse spontanée que l'homme fournit à l'événement. Certains individus privilégient davantage un axe plutôt qu'un autre. Celui qui aura tendance à développer principalement l'auto-dévalorisation se trouvera entraîné vers l'auto-destruction. Quant à celui qui aura tendance à développer principalement la recherche du coupable et la vision négative du système, il se trouvera prédisposé à se couper du monde environnant. Entre le misanthrope et le martyr, il y a place pour toutes les interactions possibles.

Au-delà de l'aspect descriptif, il convient de mentionner trois applications possibles de ce constat : sur le plan personnel, sur le plan de la communication d'entreprise et sur le plan psychologique.

▸ Sur le plan personnel

Il suffit de se regarder jouer pile pour réduire le temps de réponse permettant de passer au scénario face. C'est là une caractéristique de l'étude des comportements humains : les observer, c'est déjà les voir se modifier.

▸ Sur le plan de la communication d'entreprise

Lorsqu'un individu doit introduire un changement en entreprise – un changement suffisamment important pour qu'il soit porteur d'événement – il tombe fréquemment dans le piège qui consiste à vanter le scénario face. Je dois introduire un nouveau système informatique, et j'en explique les mérites à mes collaborateurs, ainsi que leur intérêt à accepter le changement. Or l'expérience prouve qu'un individu confronté à un changement porteur d'événements identifie intuitivement les deux scénarios : pile et face. Mon travail va donc consister à raccourcir le temps de réaction permettant de passer d'un scénario à l'autre, mais je n'y parviendrai certainement pas en masquant un côté. Alors que je m'exprime sur ses côtés positifs, mes collaborateurs vont imaginer eux-mêmes les désavantages de ce système. J'ai donc tout intérêt, au premier chef, à aborder le problème dans son intégralité, à accepter d'engager la discussion avec ceux qui sont le plus opposés et que l'on appelle les « acteurs confrontants ». Ce sont eux qui donnent de la consistance au projet en permettant d'envisager la réalité sous ses deux angles. Nombre de propositions de changement n'ont jamais vu le jour tout simplement parce que leurs auteurs n'ont envisagé que le côté face des choses et ne l'ont pas soumis à la critique fertile du scénario pile !

Ce type d'attitude n'est pas courant en entreprise : rares sont les managers qui présentent à leurs interlocuteurs la médaille et son revers, prédisent ce qui peut se passer et disent ce qu'ils veulent voir se produire. Rares sont les occasions saisies pour discuter les propositions d'autrui, amender les suggestions, solidifier les projets.

En annonçant à mes collaborateurs le scénario pile, je raccourcis automatiquement leur temps de latence pour passer au scénario face.

▸ Sur le plan psychologique

Un exemple : une jeune adolescente rentre à la maison et se précipite, effondrée, dans les bras de son père. La jeune fille vient de vivre son premier chagrin d'amour : Michel ne l'a même pas regardée en sortant de cours alors qu'elle crève d'amour pour lui. Le père est ému : cela fait des années qu'il n'a pas vu sa fille dans un tel état. Elle se confie, elle pleure, elle vient vers lui. Il est bouleversé. Il aime sa fille. Avec spontanéité, il la serre dans ses bras et lui murmure à l'oreille : « Ne t'inquiète pas ma chérie, un de perdu, dix de retrouvés ». La fille quitte les bras de son père, fonce dans sa chambre en larmes, en traitant son père d'imbécile. Celui-ci n'a pas compris une chose simple : il faut donner du temps au temps, respecter le temps de passage du scénario pile au scénario face. Il faut accompagner les gens dans le scénario pile et ne pas répondre immédiatement par un scénario face.

Ces applications – sur les plans personnel, psychologique et de la communication d'entreprise – permettent d'éviter que ne se produise sur le plan mental ce que nous avons observé précédemment sur le plan neurobiologique : la lutte ou la fuite.

Le double scénario nous invite à prendre un peu de distance par rapport à une attitude mentale spontanée inefficace et à privilégier une attitude mentale apprise plus efficace.

Prenons par exemple la façon dont les organisations gèrent l'erreur. Schématisons en partant du principe que toutes les entreprises disposent des mêmes données sur le marché, s'appuient sur les mêmes supports technologiques, ont des schémas organisationnels comparables et que leurs dirigeants, au charisme près, ont les mêmes compétences. En conséquence, le seul avantage concurrentiel dont dispose une entreprise est d'apprendre plus vite que ses concurrents.

La question qui se pose alors est : comment une organisation apprend-elle ? Et, plus généralement, comment apprend-on *de* la vie et *dans* la vie ? À l'école de la vie, chacun a pu se rendre compte que l'individu apprend davantage de ses échecs que de ses succès. Maurice Merleau-Ponty constatait d'ailleurs que les changements conceptuels proviennent toujours de découvertes négatives.

Pourtant, dans les faits, quelle est la réponse de l'organisation à l'erreur ? La sanction ! Donc l'erreur se cache par crainte de la sanction. Elle est fréquemment associée au mot incompétence. Et pourtant, dans chaque erreur commise, il y a une mine d'enseignements à tirer non seulement pour la personne qui en est l'auteur mais pour l'organisation. L'erreur ou l'échec est un joyau pédagogique. Quand elle vient d'être commise, les esprits sont dans un état d'excitation particulier qui les rend perméables à toute information nouvelle. La capacité à apprendre est exacerbée dans la période qui suit une déconvenue.

La plupart du temps, l'entreprise s'arrête lorsqu'elle a trouvé le responsable de l'erreur. Ce n'est que lorsque personne ne peut être mis en cause directement que l'entreprise va s'enrichir à travers le traitement du problème.

Comment l'entreprise peut-elle mieux profiter des erreurs commises en son sein ?

7

On ne peut pas ne pas être motivé

Valeurs et motivation personnelle

La scène se passe dans l'un des magasins d'une grande chaîne française de distribution qui vient de changer de directeur. Le nouveau manager s'entretient avec le chef du rayon pâtisserie, identifié comme le meilleur de la région par l'évaluation quotidienne des points de vente. Il décide de le muter au « bazar », un rayon peu performant, en lui disant qu'il le trouve très bon et qu'il compte sur lui pour redresser le chiffre d'affaires de son nouveau « territoire ». Peu de temps après, l'ancien chef du rayon pâtisserie muté au bazar donne sa démission et quitte le réseau de distribution.

Anecdote réelle : « comment démotiver un collaborateur performant et le pousser à donner sa démission? ».

Le manager est surpris : il pensait que le défi imposé à son collaborateur le stimulerait. En réalité, c'est à force de persuasion qu'il a réussi à vaincre les résistances au changement de son interlocuteur. Lui-même a tellement valorisé la mobilité, il s'est tellement « bétonné » dans ses certitudes, qu'il a fini par ne plus entendre le chef de rayon. Et pourtant, ce que dit ce dernier est riche de sens. Selon sa propre expression, le chef du rayon pâtisserie travaillait avec *ses* hommes. Il avait développé un fonds de commerce, réussi à fidéliser des clients, il connaissait parfaitement toutes les astuces de son métier et formait des apprentis à un métier qu'il considérait comme un art. En deux mots, il était efficace et sécurisé. Sa performance, attestée par son évaluation quotidienne, provenait de la sécurité de son environnement. Le groupe d'accueil qu'il avait façonné engendrait des résultats positifs. En le mutant, on l'a cassé. Démotivé, il s'en va.

Cherchez l'erreur!

Erreur de courte vue de ce directeur qui s'est contenté d'appliquer les vieilles recettes du management de distribution de médailles en chocolat.

« Tu es le meilleur de ton rayon pâtisserie, tu verras, tu seras le meilleur du rayon bazar ». Sous-entendu, tu seras reconnu comme tel. Le culte du meilleur a sans aucun doute engendré quelques stars, mais leur lumière nous empêche souvent de voir le nombre impressionnant de celles et ceux, pourtant animés d'un esprit de bien faire, qui sont restés hors système, dans l'ombre.

C'est vrai que les médailles en chocolat font avancer, mobilisent, motivent quelques-uns. Il suffit de voir comment sont véritablement pris d'assaut, croulant sous une avalanche de demandes, les bureaux et organismes officiels chargés de distribuer celles de la République.

C'est vrai aussi que beaucoup d'autres restent insensibles à ce type de reconnaissance collective mais se mobilisent, se motivent, avancent grâce à des schémas différents.

Erreur grave de ce directeur qui n'a tout simplement pas pensé que d'autres pouvaient avoir des modes de fonctionnement – des cartes mentales – différents du sien.

Avez-vous remarqué qu'on ne peut pas ne pas être motivé ? Faites un test : essayez donc de rester huit heures dans votre bureau sans rien faire. Difficile ! Vous n'y arriverez pas. Alors pourquoi certains y parviennent-ils ? Mais parce qu'ils sont puissamment motivés pour le faire ! De la même manière, il faut une bonne dose de motivation pour voler un vélomoteur ou un poste d'autoradio.

La non-motivation n'existe pas. Le problème qui se pose à l'entreprise est que tous ses acteurs ne sont pas motivés pour les mêmes choses en même temps. Voilà une façon différente de formuler le problème de la motivation des hommes au sein d'une structure.

Chacun est motivé par quelque chose. Pour être plus précis, chacun est motivé par quelque chose auquel il attache de la valeur. En se souvenant que l'homme et son environnement forment un couple indissociable, on devrait plutôt dire que l'environnement dans lequel baigne l'individu l'incite à accorder de la valeur à telle chose plutôt qu'à telle autre. C'est un processus d'imprégnation qui colore une carte mentale, blanche et vierge à notre naissance.

Sur le plan de la logique individuelle, il est intéressant de comprendre le fonctionnement de la motivation. Sur le plan de la logique collective – entrepreneuriale –, il est intéressant d'orchestrer un dénominateur commun de valeurs, garant d'une motivation collective.

Plusieurs théories nous sont proposées pour tenter de comprendre le phénomène de la motivation individuelle. L'objectif n'est pas académique : il en va, demain peut-être, de la démission d'un autre chef de rayon.

Les différentes approches possibles

La première de ces théories vient de Sigmund Freud. Bien qu'il soit rarement cité dans la littérature managériale, le psychanalyste autrichien est le fondateur de la théorie des motivations. Freud affirme que nous sommes poussés à agir par des forces inconscientes qui nous habitent. Notre conscient, confronté à l'environnement et aux normes sociales, tente de contrôler les forces inconscientes. Le « sur-moi », troisième paramètre, est chargé d'empêcher certaines de nos pensées de se traduire en actions. Cette organisation mentale génère des tensions et des conflits qui sont sources d'anxiété et de culpabilité. Intérêt de cette analyse : centrer la motivation sur les désirs, conscients ou inconscients, qui poussent l'homme à agir. Limite de cette analyse : il n'est pas certain que nous passions notre temps à expier nos fautes.

Deuxième théorie, celle de David Mac Clelland, connu pour ses travaux sur le codage des comportements humains permettant de repérer les capacités relationnelles de l'individu.

Selon David Mac Clelland, la motivation individuelle est un miroir à trois facettes.

Première facette, la réalisation personnelle : ce que j'ai envie d'être, ce désir qui crée une tension me mettant en mouvement vers cet « obscur objet ».

Seconde facette, celle de l'affiliation : celle qui me pousse à être reconnu par mes pairs, celle qui fait fonctionner les « ordres » et les « clubs », tous plus ou moins sélectifs.

Troisième facette, celle du pouvoir : le mythe archaïque de la toute-puissance qui sommeille au cœur de chaque homme (être chef de guerre, maître de la ville et séducteur de femmes).

Mac Clelland a élaboré cette grille après une analyse concrète et approfondie des histoires racontées aux enfants dans les écoles primaires de quarante et un pays différents.

Troisième approche, celle d'Abraham Maslow qui a établi une échelle des besoins humains en partant des désirs les plus élémentaires (manger, boire, dormir, procréer, etc.) pour remonter aux besoins plus complexes et plus difficiles à définir, comme la réalisation de soi. Maslow a construit une pyramide à cinq étages (il en a rajouté deux vers la fin de sa vie) : besoins physiologiques (faim, soif, sommeil), besoins de sécurité (protection morale et physique), besoins de socialisation (amitié, affection), besoins d'estime (respect de soi, considération, prestige), besoins d'accomplissement (réalisation personnelle). Intérêt de cette démarche : la tentative de stratification des besoins. Limite de cette démarche : comme le montre une étude réalisée en 1966 par Haire, Ghiselli et Porter dans quatorze pays différents, la hiérarchisation des besoins est variable en fonction du pays étudié. La pyramide de Maslow a fini par être enseignée partout et nombre de ceux qui l'appréhendent ont perdu leur distance critique. Elle n'explique pas les « grands hommes » qui se sont réalisés au détriment de la satisfaction de leurs besoins physiologiques, le comportement des femmes atteintes du SIDA et qui désirent pourtant être mères, etc. Attention à la manipulation réductrice du modèle !

Quatrième approche : celle de Hofstede, anthropologue hollandais. Il s'agissait pour lui de vérifier l'assertion : « autant de cultures différentes, autant de types de motivation différents ». Une enquête diligentée dans plus de 160 pays, travail titanesque, lui a permis d'extraire quatre types de valeurs fondamentales pour les nations.

Schématiquement il oppose les environnements qui valorisent *la performance* à ceux qui valorisent *la sécurité*. De la même manière il oppose des environnements qui valorisent le *faire-valoir* à ceux qui au contraire valorisent *l'appartenance à un groupe*.

Nous avons pris la liberté d'utiliser les notions de valeurs motrices fondamentales des systèmes de motivation individuelle développées par Hofstede afin de développer une grille opposant, d'une part, performance et sécurité et, d'autre part, faire-valoir et appartenance à un groupe.

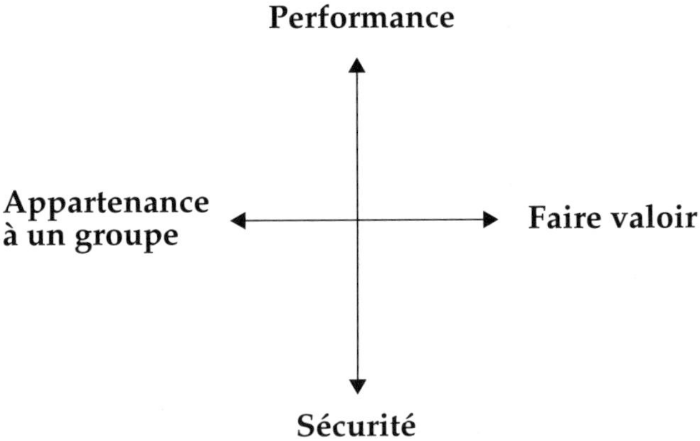

À l'aide de cette paire de lunettes comportementales, nous avons voulu lire les environnements optimaux de fonctionnement de quatre individus différents. Notre objectif : voir dans quel type de situation la résistance à l'événement sera la plus forte, la réponse aux turbulences la plus adaptée, la capacité relationnelle la plus fluide, l'efficacité personnelle la plus grande.

Jacques a 27 ans : célibataire, dégagé des obligations militaires, de formation commerciale supérieure, c'est son premier vrai poste après de multiples stages dans diverses entreprises.

Gérard a 50 ans : ingénieur, passionné par son boulot, il vient d'être grand-père et n'a plus de crédit personnel sur le dos.

Madeleine a 38 ans : secrétaire – plus précisément elle était secrétaire et elle est devenue assistante avec le temps – elle a trois enfants, l'aîné a 15 ans, le dernier 8 ans, elle est divorcée et son ex-mari ne paie pas la pension alimentaire.

Patrick a 42 ans : il fait de la politique, suppléant d'un député vieillissant, il a bien tenté de développer quelques affaires familiales sans beaucoup de succès, il envie les grands hommes, plus pour les privilèges dont ils bénéficient que pour le contenu et la qualité de ce qu'il ont entrepris.

Caricatures ? Peut-être ? Pas sûr.

Si l'on se pose la question de savoir quel est l'environnement motivationnel optimal de chacun, il devient évident qu'ils n'occuperont pas la même position sur le diagramme précédemment décrit.

Jacques fonctionnera d'autant mieux qu'il se situera dans un environnement qui privilégie la performance, surtout si celle-ci est au service d'un faire-valoir individuel.

Gérard se confrontera volontiers avec un environnement privilégiant la performance. Il sera même capable de prendre des risques. Ce ne sont pas les médailles en chocolat qui le mobiliseront : il sera probablement davantage préoccupé par le « plus » qu'il peut apporter au bien-être collectif.

Madeleine sera paralysée, très stressée et particulièrement contre-performante si l'environnement managerial dans lequel vous la situez privilégie les valeurs qui excitent Jacques. En revanche, elle donnera son maximum si elle se sent en sécurité et en groupe.

Quant à Patrick, toujours sur le devant de la photo, il veillera à ne contrarier personne; pudiquement, on dira de lui que c'est un homme de consensus et on imagine volontiers l'environnement motivationnel dans lequel il se sent à l'aise.

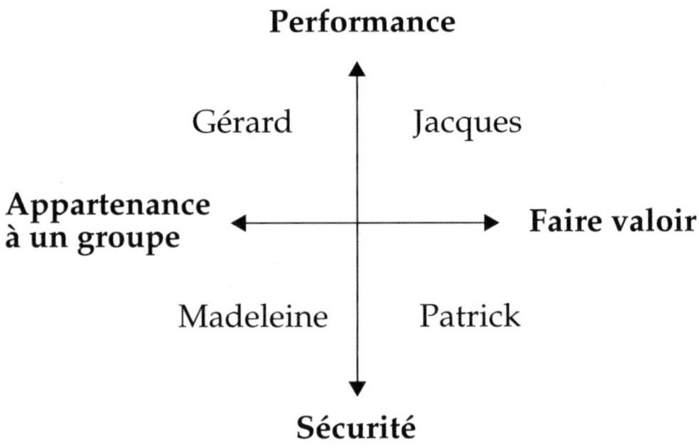

Ces quatre individus ne se situent pas dans la même case. Nous sommes donc invités à tourner la page où il est inscrit que tous les individus sont motivés par le stress et les performances individuelles.

Reprenons le cas du nouveau directeur qui souhaite muter son chef de rayon pâtisserie. Le propos n'est pas de remettre en question la légitimité du directeur de magasin lorsqu'il pose des valeurs. C'est bien au manager qu'il incombe de fixer les règles du jeu et d'énoncer les valeurs autour desquelles il va y avoir relation. Ce faisant, le manager définit le jeu et le hors-jeu. Mais avant de trouver le dénominateur commun de valeurs, il importe de comprendre les origines de la motivation. Il peut vous en coûter un chef de rayon pâtisserie qui démissionne, un autre chef de rayon qui devient de moins en moins performant, un troisième chef de rayon qui se met en congé maladie prolongé, et ainsi de suite.

Or il se trouve que de nombreux managers ne sont pas disposés à envisager qu'il puisse y avoir motivation en dehors de la case « performance/faire-valoir ». Ce type d'analyse est anti-performante : elle aboutit à la démission d'un collaborateur précieux qui aurait été performant dans une « case » différente. Au risque de taper sur le même clou, on ne répétera jamais assez qu'il n'y a pas de case plus performante qu'une autre : certains sont motivés lorsqu'ils sont en sécurité, d'autres lorsqu'ils sont en danger.

La simple observation des comportements humains nous amène à proposer une autre lecture des phénomènes motivationnels.

Nous sommes vendredi, il est dix-sept heures. Chacun range ses affaires, pense aux courses du week-end et se prépare à quitter son bureau. Le responsable d'un service se dirige vers sa secrétaire. Dans ses mains, le brouillon manuscrit d'un rapport urgent qui doit être transmis à la direction générale avant vingt heures. Le rapport n'est pas terminé. Le directeur souhaiterait que sa secrétaire en saisisse les premières pages sur son ordinateur tandis qu'il pourrait en poursuivre l'élaboration. *Premier scénario* : le directeur se dirige vers la secrétaire et lui lance « Il faudrait que vous me tapiez ces pages avant ce soir vingt heures. » *Second scénario* : le directeur s'approche de la secrétaire, s'assied sur le coin du bureau et explique : « La direction générale m'a demandé en début d'après-midi de lui fournir un rapport pour ce soir vingt heures; je me rends compte que ce rapport prend plus de temps que prévu et je souhaiterais que vous puissiez me taper ces pages avant de vous en aller. Cela me rendrait un fier service. » Quel scénario choisir? Sans réfléchir, ce directeur s'assied sur le coin du bureau, explique et demande : second scénario.

Il suffit de se reporter à notre propre comportement dans ce type de relations pour savoir que nous avons instinctivement tendance à privilégier le deuxième scénario. Nous recherchons en effet à passer de la simple relation de travail, dans laquelle le « patron » formule une exigence, à une relation plus affective, dans laquelle un individu explique son problème et demande de l'aide.

Ce faisant, nous mettons instinctivement en œuvre une solution qui nous paraît plus motivante pour autrui. Car nous savons que les intérêts et les besoins des individus sont variables et que si nous voulons voir satisfait notre besoin d'être épaulé avant vingt heures, nous avons intérêt à nous adresser à autrui d'une certaine façon, en l'occurrence en privilégiant l'intérêt affectif par rapport à l'intérêt matériel. Nous avons donc intuitivement conscience que c'est l'arrière-fond implicite – que nous appellerons la toile de fond – qui donne de la signification aux messages que l'on émet.

La toile de fond : un autre modèle de réflexion

Imaginons donc que l'individu range ses valeurs sur une carte mentale que nous appellerons toile de fond. Imaginons toujours que cette toile de fond soit constituée de six cercles concentriques, représentant six niveaux. À chaque niveau correspond un besoin qui correspond lui-même à un intérêt. L'ensemble besoin-intérêt constitue un état.

▸ Niveau 1 : besoin de relations, intérêt matériel, état social

Nous avons tous besoin de relations pour fonctionner dans notre environnement : connaître un boucher, un boulanger, un poissonnier pour se nourrir, un coiffeur pour se faire beau, etc. Les relations mettent en jeu l'intérêt matériel et participent à la constitution d'un système social.

On peut donc imaginer que tout individu range sur la strate la plus périphérique de sa toile de fond un certain nombre de valeurs, ce à quoi il attache de l'importance dans le système social dans lequel il évolue.

À l'évidence cependant, ceci n'est pas suffisant pour permettre à un individu de fonctionner dans le monde. Il a besoin d'autre chose.

▸ Niveau 2 : besoin de copains, intérêt affectif, état de sympathie

Nous avons besoin de rencontrer des gens que nous trouvons sympathiques. Nous avons même intérêt à entrer en relation avec d'autres motivations que celles de l'intérêt matériel et en conséquence nous décidons d'accorder notre sympathie à des gens avec qui nous partageons un certain nombre de valeurs, que nous rangeons sur la strate 2 de notre toile de fond.

Mais cela reste insuffisant pour permettre à un individu de fonctionner dans le monde. Il a besoin d'autre chose.

▸ Niveau 3 : besoin d'amis, intérêt à avoir confiance, état de complicité

À l'évidence, nous avons intérêt à avoir confiance en un certain nombre de nos congénères.

Mais nous ne décidons d'accorder notre confiance à quelqu'un qu'à partir du moment où nous sommes sûrs que nous partageons avec lui un certain nombre de valeurs. Le champ relationnel de la complicité nous est alors ouvert. On peut imaginer que ces valeurs-là, nous les rangeons sur la strate 3 de notre toile de fond.

Mais ceci reste encore insuffisant pour permettre à un individu de fonctionner dans le monde. Il a besoin d'autre chose.

▸ Niveau 4 : besoin de liens, intérêt à éprouver des sentiments, état d'amour

Curieux comportement que celui de l'homme. Le besoin de nous lier ne fait certes pas de nous les êtres les plus fidèles du règne animal mais cependant nous ne décidons d'accorder notre amour qu'à partir du moment où, outre l'attirance primale, nous avons constaté qu'un certain nombre de valeurs étaient partagées. Imaginons que ces valeurs-là, nous les rangions sur la strate 4 de la toile de fond.

Mais un individu a besoin encore d'autre chose.

▸ Niveau 5 : besoin de liens de sang, intérêt culturel, état de solidarité

Le cinquième niveau correspond à ce que nous avons appelé le lien de sang – c'est-à-dire le besoin de se reconnaître dans une ascendance ou une descendance – que l'homme occidental élargit à son système culturel. C'est le cas des deux automobilistes marseillais qui ont pris l'habitude de s'injurier régulièrement au feu rouge de leur quartier. Lorsqu'ils se rencontrent par hasard en Nouvelle-Guinée lors de leurs vacances et qu'ils ont à affronter un événement commun – par exemple le franchissement d'un gué – ces deux hommes auront tendance à se reconnaître et à développer des liens de solidarité. Les valeurs culturelles qu'ils partagent seront plus mobilisatrices que celles qui régissaient leur animosité quotidienne.

C'est aussi le cas des valeurs que partagent une famille, un clan, un caste, une dynastie, etc.

▸ Niveau 6 : besoin de croyances, intérêt spirituel, état de communion

Le sixième niveau correspond au besoin de croire en quelque chose, qu'il s'agisse d'une croyance religieuse ou que cette croyance se fonde sur des idées (syndicalisme), un homme (leader du groupe : entreprise, nation, etc.), un pouvoir (forces occultes), un savoir (la science), un don (voyance), etc. Dans tous les cas, cette croyance répond à un intérêt spirituel.

L'épanouissement de l'individu requiert une certaine forme de spiritualité. Celle-ci est sous-tendue par des valeurs fortes, acquises par l'individu au cours de son existence. Le partage de ces valeurs avec d'autres entraîne l'état de communion.

Tout ça pour dire quoi? Simplement pour expliquer certains phénomènes motivationnels.

Le directeur qui s'adresse à sa secrétaire le vendredi à dix-sept heures choisit de passer du niveau 1 au niveau 2. Il opère ce choix car il sait intuitivement que plus le message s'enfonce dans la toile de fond, plus le mouvement déclenché en retour est important.

En effet, chaque message reçu se loge plus particulièrement dans un des cercles concentriques de la toile de fond et déclenche un mouvement variable. Cette variabilité concerne aussi bien le rejet que l'acceptation.

Et il n'y a aucune commune mesure entre le mouvement engendré par un message qui percute la toile de fond d'un individu en strate 1 ou 2 et celui qui s'enfonce jusqu'à la strate 5 ou 6. Ce dernier fait de nous des adorateurs fervents ou de farouches opposants.

Impossible de « fabriquer » des millions de nazis en s'adressant à son auditoire au niveau un. Pour « fabriquer » des intégristes, il faut formuler des messages qui percutent l'auditoire aux niveaux 5 et 6. Face à de tels messages, les individus radicalisent leur position : il sont fermement pour ou fermement contre. Rares sont ceux qui restent indifférents.

Répondre au besoin de croyance que ressent chaque individu, en lui instillant méthodiquement des pseudo valeurs universelles, et me voilà à la tête d'une secte.

Lorsque le bon sens populaire dit de quelqu'un qu'il est superficiel, il veut dire qu'il n'attache de l'importance qu'aux choses matérielles, c'est-à-dire au niveau 1. Inversement, lorsqu'on dit de quelqu'un qu'il est profond, on désigne son attachement aux valeurs intellectuelles et spirituelles, c'est-à-dire au niveau 6.

Si le film *La dernière tentation du Christ* transforme des citoyens « ordinaires » en pyromanes de cinéma, c'est bien parce que ce film met en cause des valeurs de niveau 6.

Lorsqu'un publicitaire conçoit les messages d'une campagne, il cherche à s'enfoncer le plus possible dans la toile de fond.

Lorsque George Bush père, candidat républicain à la présidentielle en 1988, veut marquer un point décisif contre son adversaire démocrate Michael Dukakis, il envoie deux messages forts au niveau 5. D'une part, il promet, en cas d'élection, de rétablir le serment d'allégeance à la patrie américaine, prononcé chaque matin dans les écoles, qui avait été supprimé sous l'administration Carter. D'autre part, il se demande si un immigré de la première génération connaît suffisamment bien les valeurs américaines et s'interroge sur la capacité de cet immigré à défendre les intérêts nationaux. En prononçant ce discours, George Bush s'adresse à la valeur fondamentale de l'Américain Middle West-Middle Class : le nationalisme. Simpliste, mais efficace.

Lorsqu'un individu quitte son environnement quotidien pour vivre dans une secte, cela procède généralement d'une fragilisation de son environnement aux niveaux 4, 5 ou 6. Lorsque la secte Moon conçoit son discours, elle travaille consciemment sur ces niveaux. Son exhortation peut être résumée comme suit : « Regardez le monde, il est terrible : l'individualisme forcené, les guerres ethniques, l'argent dépensé pour les armes tandis que des enfants meurent faute de vaccins, la montée des intégrismes. Que faire ? Apprenons à nous aimer, marions-nous entre peuples différents, brassons les races, nous nous comprendrons mieux et la paix régnera. » Force est de constater que ceux qui rejoignent la secte Moon ne sont pas tous des simplets. Ils sont théoriquement outillés pour percevoir la perversité de ce discours mais une fragilisation des niveaux 5 et 6 les empêchent d'utiliser leurs capacités intellectuelles et donc de voir que l'objectif de Moon, loin d'être la paix sur terre à travers le brassage des populations, est l'enrichissement personnel du dirigeant et de sa famille.

On constate donc que l'effet d'acceptation et de rejet augmente au fur et à mesure que l'on s'enfonce dans la toile de fond. Le niveau 6 est celui de tous les dangers car il déclenche les mouvements les plus importants. D'où l'intérêt de disposer d'une approche plus fine de ce niveau.

Toile de fond

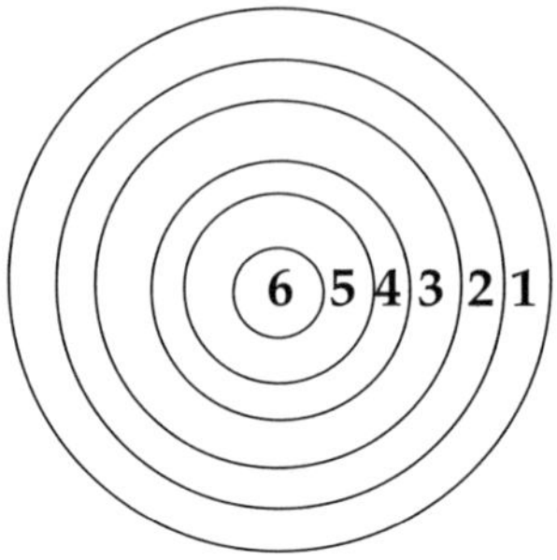

Besoin	Intérêt	État
1. Relations	Matériel	Social
2. Copains	Affectif	Sympathie
3. Amis	Confiance	Complicité
4. Liens	Sentiment	Amour
5. Liens de sang	Culturel	Solidarité
6. Croyances	Spirituel	Communion

Croyances, normes et concepts

▸ Croyances

A l'instar de Dundrigde, nous proposons de séquencer en quatre stades le niveau 6 correspondant au besoin de croyances, à l'intérêt spirituel et à l'état de communion.

Premier stade : la foi du charbonnier

L'individu a une foi et il lui paraît inconcevable qu'autrui ne la partage pas.

Deuxième stade : le croyant prend une certaine distance par rapport à sa foi

L'individu continue de croire mais il tolère désormais le mécréant.

Troisième stade : le doute s'installe, le croyant a tendance à rejeter sa foi

L'individu commence à douter. Dans la mesure où l'homme a besoin de croire en quelque chose, ce stade est particulièrement instable. En effet, l'individu a tendance à ne pas s'enfermer dans le doute et à repasser très rapidement au stade 1, c'est-à-dire vers une autre croyance, ou à passer au stade 4.

Quatrième stade : c'est l'acceptation tacite, le comme si

L'individu trouve intérêt à souscrire à un système collectif de croyance même si sa foi devient différente de ce qu'elle était au premier stade.

Il peut être utile à une personne confrontée à un acte de management de se demander à quel stade se trouve son interlocuteur.

Prenons le parcours d'un individu dans une entreprise. Cet homme est recruté : il s'investit avec énergie et foi dans la mission qui lui est confiée. Pas de problème : il considère qu'il est dans la meilleure entreprise du secteur. Progressivement, il prend une certaine distance : les autres entreprises du secteur ne lui paraissent pas mal non plus. Enfin, le doute le gagne : son énergie subit un net fléchissement.

Celui qui a recruté cet homme ne se rend probablement pas compte du passage du stade 1 au stade 2 puis au stade 3 et c'est précisément pour cette raison qu'il va ressentir une forte déception lorsque cet individu quittera l'entreprise; il s'exclamera alors : « Après tout ce que j'ai fait pour lui ».

Et pourtant : si le manager comprend les différents stades que traverse son collaborateur, il améliore sa capacité à entretenir la motivation.

En effet, on ne manage pas de la même façon un individu qui est au stade 1 et un individu au stade 4. Quant à celui qui est au stade 3, soit il démissionne avant qu'on puisse se poser la question, soit il demeure en poste mais devient généralement peu productif.

Entre le nouveau collaborateur qui vient de rejoindre votre équipe et celui qui est en poste depuis cinq ans, la foi du charbonnier de l'un et l'acceptation tacite de l'autre n'appellent pas le même management.

▸ Normes

Les normes véhiculées par le corps social jouent également un rôle important dans la motivation des individus.

On peut dire que le corps social se structure autour de trois champs principaux : le sacré, la production et la protection des biens et des personnes.

Les normes qui régulent le corps social ont un impact sur la motivation des individus et tournent autour de deux axes : le bien et le mal, ce qui est négatif et ce qui est positif.

Il ne s'agit pas ici de donner un contenu figé à ces deux axes en décrétant ce qui est bien et mal, ce qui est négatif et positif. Il s'agit de constater que chacun dispose d'une vision personnelle et collective de ce qui est bien et de ce qui est mal. Le contenu personnel donné à chacun de ces termes joue un rôle dans notre hiérarchisation des valeurs.

De même, chacun perçoit certaines choses comme étant positives et d'autres comme étant négatives. Les modes changent et cette perception évolue. Mais demeure la perception intuitive et personnelle qu'il existe des valeurs positives à conquérir et des valeurs négatives à rejeter.

Les normes enrichissent donc la toile de fond de l'individu. Le croisement normes-toile de fond permet d'approcher de façon encore plus fine la motivation de l'autre.

▸ Concepts

Si la toile de fond peut être divisée en six niveaux, les valeurs ne sont cependant pas isolées, niveau par niveau, mais reliées par des ponts. L'ensemble constitue notre concept : la façon dont nous concevons notre existence.

Confrontés à une personne certaine d'avoir raison, sûre de toutes ses valeurs et persuadée que l'autre a tort, nous la trouvons rigide. Comme si elle s'était dotée de concepts « bétonnants » en établissant des ponts immuables entre ses valeurs.

Par opposition, certains individus possèdent quelques valeurs fortes sur lesquelles ils ne transigent pas et restent par ailleurs ouverts à l'enrichissement que constitue la relation avec l'autre.

Regardez autour de vous. Prenez l'exemple d'un hall de gare ou d'aéroport. Certaines personnes s'encombrent de trois énormes valises. Elles n'ont pourtant toujours que deux bras. Examinez leurs difficultés à se déplacer, essoufflées et rougeaudes. Qu'un rien vienne contrarier leur projet et les voilà irritées. D'autres se promènent, simplement munies d'un sac à dos avec le strict nécessaire. Regardez leur vitalité et leur calme. À la lumière de ces voyageurs, essayons de parcourir l'existence sans trop nous encombrer de principes et de préjugés. Prenons le monde tel qu'il vient. L'essentiel est dans le sac à dos.

▸ Effets de pollution

On parle d'effet de pollution lorsqu'un individu calcule très précisément sa relation avec autrui et obtient un effet à l'opposé de celui qu'il recherchait. En effet, pensant avoir compris tous les mystères de la relation humaine et avoir bien calculé nos messages, il nous arrive d'être surpris de constater que l'autre a compris et perçu quelque chose de différent de ce que nous voulions dire ou faire percevoir.

L'effet de pollution s'explique par l'impossibilité de prédire le niveau auquel s'arrêtent les messages que nous envoyons. *Exemple* : j'envoie un message qui me paraît banal et j'obtiens en retour une réaction très forte, positive ou négative. Je suis surpris de la réaction de mon interlocuteur. Peut-être qu'intuitivement j'imaginais que mon message était d'ordre purement professionnel et que mon interlocuteur l'a reçu à un niveau plus profond. Il est donc possible que le message adressé produise un effet aux antipodes de l'effet escompté. C'est toute la différence entre le conçu et le perçu : lorsque l'entreprise annonce « Nous avons tout fait pour nos clients », elle parle de qualité conçue. Lorsque le client dit « Je ne suis pas satisfait », il parle de qualité perçue.

Autre exemple : dans une entreprise du Nord de la France, une équipe de six secrétaires a pour mission de répondre dans l'heure à toute demande de devis émanant de la force commerciale ou des clients. Les secrétaires travaillent en binômes sur un plateau paysager. Elles sont progressivement devenues amies. L'ambiance est bonne, les résultats excellents. Très satisfait, le directeur confie au responsable des ressources humaines le soin de les augmenter. Ce responsable, nouvellement nommé, fait appel à un consultant, spécialiste en rémunérations. Le consultant introduit une part de rémunération variable liée au nombre de devis réalisés et au montant de ces devis. Très rapidement, l'ambiance se détériore, la qualité du travail s'en ressent et les premiers problèmes surviennent : la compétition entraîne une effervescence qui sied mal au bureau paysager, propice au silence; les calculs de montant engendrent des comptes d'apothicaires.

Initialement, la demande était simple : le directeur voulait gratifier davantage l'équipe de secrétaires. Le système introduit a produit un effet différent : il a transformé six complices au service de la collectivité en six concurrentes au service de leur succès personnel. Effet de pollution.

Dans cet exemple, une meilleure connaissance de la relation humaine dans l'entreprise aurait sans doute permis d'éviter cet effet de pollution.

Une fois encore, il eût mieux valu privilégier la réflexion que la recette.

Mais nombre de ces effets ne sont pas maîtrisables, puisqu'ils proviennent tout simplement de l'impossibilité de savoir, lorsqu'on envoie un message, jusqu'où celui-ci va s'enfoncer dans la toile de fond de notre interlocuteur. La toile de fond d'autrui n'est pas transparente pour nous. Elle est en construction et destruction permanente. Elle résulte d'un processus d'abandon et de gain. Elle vit, dotée d'un métabolisme propre. Et que dire de notre propre toile de fond : la connaissons-nous si bien ?

Nombre de femmes considèrent que l'homme est un spécialiste des effets de pollution : ainsi, lorsqu'il complimente sa femme pour sa nouvelle robe qu'elle a déjà portée quatorze fois !

Effet de pollution illustré par l'histoire bien connue de la maman qui offre deux chemises à son fils. Celui-ci, ravi et désireux de le faire savoir, s'empresse de mettre la bleue. Commentaire de sa mère : « Je savais bien que la rouge ne te plairait pas ». Double contrainte.

Il existe une piste pour désamorcer les bombes créées par l'effet de pollution : aider chaque individu évoluant à l'intérieur d'une organisation à être conscient de l'existence de l'effet de pollution et permettre à chacun de disposer d'un langage relationnel – *métalangage* – permettant d'identifier l'apparition de l'effet de pollution et d'en déjouer les conséquences.

En management, les valeurs sont un outil de gestion de la complexité. Une valeur peut être vue comme une balise cognitive qui permet de lire la réalité. Cette valeur doit toujours être traduite en comportement à tous les niveaux de l'entreprise. À partir du moment où l'on a des individus autonomes face au client dans des structures autonomes, le seul gouvernement possible des hommes c'est un gouvernement par les valeurs.

Sur les valeurs, Peter Kostenbaum a développé un modèle intéressant sous le nom de « losange du manager ». Il oppose, d'une part, vision et réalisme et, d'autre part, éthique et courage et pose comme principe que le défi du manager est d'avoir un losange bien équilibré. Bien sûr, le manager a besoin de vision mais il doit confronter cette vision à la réalité. Bien sûr le manager a besoin d'éthique mais en même temps il faut parfois avoir le courage de faire ce que la réalité exige.

À l'examen des valeurs écrites et affichées à la porte de l'entreprise, nous conseillons de préférer l'examen des règles non-écrites. En effet, les règles non-écrites sont les valeurs en fonctionnement : pas celles qui sont édictées par le comité de direction, mais celles qui dictent réellement le comportement à l'intérieur de l'entreprise.

Ce sont donc les valeurs qui mettent en mouvement l'homme. Ce qui est vrai pour l'individu est vrai pour l'entreprise : elle produit, inconsciemment ou consciemment, ses propres valeurs.

L'enjeu pour l'entreprise n'est pas de faire de la relation pour la relation. En revanche, son intérêt est d'énoncer un certain nombre de valeurs fortes que tous les salariés souhaitant travailler en son sein sont invités à partager et sur lesquelles il n'y a pas de transgression possible.

8

Les valeurs de groupe

Nous venons d'observer l'importance des valeurs pour l'individu. Il en est de même pour le groupe. Ces valeurs existent, que l'organisation les formalise, à l'instar des grandes entreprises, ou qu'elle les génère sans les poser explicitement, à l'instar de presque toutes les entreprises de taille moyenne. La gestion des hommes implique une connaissance de ces valeurs : quelle est l'identité de la structure dans laquelle je suis? Quelle est la motivation de mon groupe? Y a-t-il émergence d'une communauté?

Mieux comprendre l'identité d'une structure pour mieux la gérer

Pour gérer un groupe, il faut le comprendre. Pour le comprendre, il faut connaître les valeurs qui l'animent.

Mieux comprendre l'identité d'une structure n'est donc pas un exercice de style. L'objectif est opérationnel : il s'agit de gérer un groupe en favorisant la cohérence maximale entre les fondements de l'identité de l'entreprise et l'image que les collaborateurs s'en font.

Pour rechercher cette cohérence, il est proposé de s'intéresser aux dimensions politique et structurelle de l'entreprise, en observant chacune de ces dimensions dans son aspect réel et dans son aspect imaginaire. On obtient ainsi un tableau à deux entrées verticales (facteurs politiques et facteurs structurels) et deux entrées horizontales (réel et imaginaire).

Le manager est invité à remplir les cases de ce tableau en s'interrogeant sur chacune des entrées afin de déterminer l'identité profonde de son entreprise, de son département ou de son service.

Réel – Politique

Qui a le pouvoir ?

Quelle est la personnalité du pouvoir ?

Quelle est la stratégie du pouvoir ?

Réel – Structure

Comment l'entreprise recrute-t-elle ?

Comment forme-t-elle ?

Comment mobilise-t-elle ?

Comment rémunère-t-elle ?

Comment licencie-t-elle ?

Quel est l'aménagement de l'espace et du temps ?

Imaginaire – Politique

Quels sont les rites ?

Quels sont les mythes ?

Quels sont les tabous ?

Quelle est l'histoire de l'entreprise telle qu'elle circule en interne ?

Quelle est la « culture » de l'entreprise ?

Imaginaire – Structure

Quelle image les collaborateurs ont-ils du pouvoir?

Quelle image ont-ils de l'entreprise?

Quelle image ont-ils de leur métier?

À partir des réponses qui sont données, le manager doit s'interroger sur l'harmonisation des éléments. Au risque de schématiser, on peut dire qu'il y a deux possibilités : cohérence ou incohérence.

Exemple

Une entreprise est centrée sur un savoir-faire très pointu; les postes de direction sont tenus par des ingénieurs de haut niveau.

- *Incohérence* : le PDG participe très fréquemment à des émissions de télévision dites de divertissement et non spécialisées. L'image que les gens se font du pouvoir à travers ces émissions est incohérente par rapport à la vie de l'entreprise au quotidien. Les collaborateurs n'ont pas le sentiment de « se retrouver » dans ce PDG.
- *Cohérence* : le même PDG participe à des émissions de télévision dans la mesure où celles-ci sont en rapport direct avec le métier et le savoir-faire de l'entreprise.

Lorsqu'il n'y a pas d'harmonisation possible entre les deux dimensions – structure et politique – vues sous leurs deux aspects – réel et imaginaire – il y a conflit, potentiel ou avéré. Les incohérences détruisent les valeurs communes et entraînent une augmentation des coûts de fonctionnement.

À l'inverse, dès lors qu'il y a harmonisation possible entre les éléments de réponses, on dit qu'il y a possibilité de mise en commun. Cette possibilité s'exprime par l'existence d'un dénominateur commun qui fonde ce que l'on appelle l'axe de focalisation.

Les axes de focalisation ou la motivation d'un groupe

L'identité d'une entreprise ou d'un groupe tend à s'articuler autour d'un axe principal, appelé axe de focalisation.

Schématiquement, on repère trois axes possibles : le leader, les méthodes et procédures, le métier et le savoir-faire.

Il ne s'agit pas d'enfermer l'entreprise dans un axe exclusif. Ce type d'étiquetage serait absurde, car l'entreprise peut être axée autour d'une dimension *leader* et comporter un service – par exemple le service Recherche et Développement – axé autour de la dimension *métier et savoir-faire*. Cette même division Recherche et Développement peut être principalement axée autour du *savoir-faire* mais contenir des éléments qui tiennent plutôt des *méthodes et procédures*. Il ne s'agit donc pas d'enfermer chaque groupe dans une boîte mais d'identifier l'axe prédominant pour mieux comprendre l'identité du groupe. Une fois encore, cette observation est orientée vers l'action : elle est intéressante dans la mesure où l'objet sur lequel se focalise le groupe – leader, métier, procédure – est une variable déterminante pour son développement et pour la conduite des hommes.

Pour chacun de ces trois axes, nous examinerons ses conséquences sur trois aspects de l'entreprise : adaptabilité au changement, recrutement, communication interne.

▸ Axe de focalisation « métier et savoir-faire »

Ce qui importe le plus c'est le métier : je fabrique des brouettes, des avions, des fenêtres. C'est donc l'activité, telle qu'elle est perçue dans l'entreprise, qui assure la cohésion du groupe. Lorsqu'ils se définissent comme faisant partie de l'entreprise, les individus se décrivent en même temps comme exerçant un métier précis. C'est ainsi qu'ils trouvent leur place dans le tissu social.

Toutes les activités – ou métiers – n'ont pas la même propension à focaliser l'identité des entreprises. Les activités telles que la construction automobile et aéronautique, le transport ferroviaire ou aérien, dont les produits sont facilement identifiables et supposent des savoir-faire spécifiques, jouissent d'un certain prestige social. Leur contenu symbolique est important et semble propre à constituer l'objet de focalisation des entreprises. Attention aux généralisations : tous les constructeurs automobile n'ont pas une identité focalisée prioritairement sur le produit.

Adaptabilité au changement

Dans ce type d'entreprise, le groupe a tendance à absorber facilement tout changement concourant à l'amélioration du métier. La focalisation sur le métier peut parfois conduire à des surenchères : au nom de l'excellence, des améliorations techniques inutiles d'un point de vue concurrentiel peuvent être apportées au produit. Le groupe peut ainsi fournir trop de valeur ajoutée, c'est-à-dire plus que n'en demande le client. C'est le cas, par exemple, de certains Airbus, dont la complexité nécessite des investissements de formation plus élevés que ceux requis par les normes aériennes.

Inversement, dans ce type de structure, les changements qui ne concernent pas le métier peuvent être difficiles à mettre en œuvre. Une tentative de diversification peut être perçue comme éloignant l'entreprise de son métier de base et constituant une trahison à sa raison d'être. Le développement d'activités nouvelles, quelles que soient les justifications économiques avancées, peut alors être saboté consciemment ou inconsciemment. Ce rejet tient autant à la relation affective entre les individus et l'activité traditionnelle de l'entreprise qu'à la perte éventuelle de compétences et donc de pouvoirs des individus dans la nouvelle activité. Le sabotage s'organise : tout ce qui concerne la diversification a une fâcheuse tendance à prendre du retard, l'organisation dresse de multiples difficultés au responsable du projet. Dans les petites et moyennes entreprises, cette situation affecte parfois le chef d'entreprise lui-même. Conscient d'une nécessaire diversification, il perçoit en même temps cette nécessité comme une menace d'affaiblissement de son propre pouvoir : lui qui a réussi à développer son entreprise à travers son propre savoir-faire, le voilà menacé d'être dépossédé d'une partie de ses attributions puisque la diversification nécessite l'entrée de nouveaux venus.

Recrutement

Que faire dans une entreprise qui a un axe de focalisation métier et savoir-faire et qui doit procéder au remplacement d'un dirigeant? Si nous avions à conseiller cette entreprise, nous aurions pour principale préoccupation de trouver un candidat qui connaît le métier. Le recrutement d'un manager sans savoir-faire serait perçu comme irrespectueux pour le métier de base. Sous peine de ne pas être reconnu et d'apparaître illégitime, le dirigeant doit maîtriser le métier.

Communication interne

Dans ce type de structure, afin d'atteindre les cibles, la communication interne doit s'organiser autour du métier.

▸ Axe de focalisation « méthodes et procédures »

Dans certaines structures – les banques par exemple – on constate que c'est la façon de faire les choses qui importe le plus. Non que ces structures ne renferment pas de compétences et de savoir-faire, mais elles privilégient les méthodes et les procédures. Cet axe de focalisation touche au comportement de l'homme, dans la mesure où l'on définit le mode de comportement comme un état d'esprit formé par un réseau de règles, d'incitations et d'interdits, implicites ou explicites, qui oriente et modèle la façon d'être et d'agir dans l'organisation. Il s'agit moins d'un ensemble de contraintes qui pèsent sur les individus que d'une forme d'idéologie sécrétée par l'organisation et à laquelle les acteurs adhèrent plus ou moins consciemment. Ce type de focalisation est prédominant dans de nombreux conseils généraux, mairies et hôpitaux.

Il existe une grande variété de modes de comportement sur lesquels peuvent se focaliser les identités des entreprises. Les qualificatifs dont les entreprises se dotent – performante, innovatrice, opportuniste, risque-tout, perfectionniste, individualiste – traduisent souvent assez précisément une façon de se comporter, de se conduire et de réagir, à laquelle se conforment les individus.

Pendant des dizaines d'années, l'identité d'IBM s'est focalisée sur un mode de comportement planificateur : tout était envisagé à l'avance, organisé par étapes successives, les écarts étaient ensuite analysés et justifiés. La boutade des cadres commerciaux d'IBM était révélatrice de ce mode de comportement : « Chez nous, il vaut mieux perdre un client en l'ayant prévu qu'en gagner un de manière inattendue »

Nombre d'administrations et d'entreprises de service public ont une identité focalisée sur un mode de comportement bureaucratique reposant sur un ensemble de procédures. Le mode de comportement bureaucratique est tout à fait adapté à des activités répétitives nécessitant une forte coordination des opérations. La SNCF ou la RATP semblent être focalisées, au moins partiellement, sur ce mode de comportement. Le respect des codes et des procédures est une condition vitale au bon déroulement de l'activité : on ne demande pas à un responsable d'aiguillage ou à un conducteur de train ou de métro de passer sa journée à prendre des initiatives. Ce n'est pas un leader qui permet de faire rouler les trains!

Adaptabilité au changement

Lorsque les transformations d'activité ou d'environnement imposent à l'entreprise d'adopter de nouveaux modes de comportements, l'axe de focalisation *méthodes et procédures* devient un frein à son adaptation. Si l'identité focalisée sur un mode de comportement planificateur est un facteur de succès dans un environnement prévisible, elle constitue un handicap lorsque l'environnement est turbulent.

Si l'on veut introduire un changement et le piloter, il faut mettre en place une procédure qui le permette.

Recrutement

Lorsque l'entreprise est focalisée sur les méthodes et les procédures, il est périlleux d'opérer des recrutements de personnes ayant un passé axé *leader*. Le conditionnement de l'individu est si différent qu'en dépit de l'adéquation de ses compétences à celles requises par le poste à pourvoir, l'intégration se révélera difficile. On ne passe pas facilement d'une entreprise axée sur le leader à une entreprise focalisée sur les méthodes et procédures. De même, on ne passe pas facilement d'une entreprise ayant développé un certain type de méthodes et procédures, par exemple très centralisatrices, à une entreprise aux méthodes et procédures très décentralisées.

Communication interne

Dans ce type d'organisation, la communication interne a tendance à refléter les préoccupations statutaires des hommes.

▸ Axe de focalisation « leader »

Enfin, dans certaines entreprises, la personnalité du leader (un groupe ou un seul homme) constitue l'objet principal de focalisation de l'identité. La motivation des hommes trouve son fondement dans la relation qui s'établit entre le leader et chacun des individus dans l'organisation. Pour fonctionner, cette relation n'a pas besoin d'être individualisée. Le patron peut ne pas connaître personnellement tous ses salariés. En revanche, il est nécessaire que le dirigeant soit charismatique.

Dans ce type d'entreprise, la référence au métier ou au produit et le respect de certains modes de comportement n'ont de sens que par rapport au leader, car c'est lui qui les a définis.

Adaptabilité au changement

Parce que les références proviennent du leader, les entreprises de ce type sont *a priori* capables de fortes évolutions si elles sont voulues et conduites par le leader. La capacité de l'entreprise à effectuer des mouvements dépend avant tout de la motivation profonde du dirigeant. Par exemple, si des changements stratégiques risquent à terme de remettre en question le pouvoir du leader, celui-ci peut être amené, inconsciemment, à faire percevoir ses réticences. Dès lors, le personnel sentira que le dirigeant n'est pas pleinement impliqué et ne s'investira que faiblement pour faire aboutir des choix pourtant reconnus comme décisifs.

En matière de changement, le leader est suivi dans la mesure où il croit à ce qu'il dit et valide les objectifs.

La focalisation *leader* permet une forte réactivité mais présente l'inconvénient d'être liée à la pérennité du leader.

Antoine Riboud, ancien PDG de Danone, en est un très bon exemple : la réussite de son groupe s'explique – au-delà de toute analyse stratégique classique – par une focalisation leader.

Recrutement

On ne remplace pas facilement un leader par un autre leader : généralement, cette tentative amène le groupe à se livrer à des comparaisons (l'ancien/le nouveau) qui sont nuisibles à l'efficacité du système.

Lorsque la question du remplacement du leader est posée, il vaut mieux opter pour un candidat essentiellement axé *métier et savoir-faire*. Le candidat aura toujours le temps de conquérir le groupe et d'exercer ensuite son talent de leader, s'il en a.

Communication interne

Dans ce type de structure, on peut à la limite se passer de communication interne formalisée : il suffit de savoir ce que le leader décide.

La réflexion sur les axes de focalisation concerne l'harmonisation des valeurs. Comment une entreprise peut-elle espérer générer de l'action si elle ne produit pas d'harmonie entre le pouvoir tel qu'il est exercé et l'image que les individus se font de ce pouvoir !

L'émergence d'une communauté

L'ancien président d'IBM, Tom Watson, déclarait dans une conférence prononcée dans les années 70 que « la vraie raison du succès ou de l'échec peut très souvent se trouver dans la manière dont l'entreprise exploite les énergies et les aptitudes des membres de son personnel ». La question posée est donc la suivante : que fait l'entreprise pour aider les collaborateurs à faire cause commune ?

À l'instar de Tom Watson, nous pensons que toute organisation, pour survivre et pour réussir, doit posséder un solide ensemble de principes sur lesquels elle fonde sa politique et ses actions.

Ces valeurs communes n'ont de sens qu'à travers l'objectif général que poursuit l'entreprise. Elles vont guider les choix de l'organisation et permettre de donner un sens à l'activité de chacun, par son intégration à un objectif.

9

Deux forces motrices fondamentales

L'adaptabilité et l'agressivité

Scène classique de la vie d'entreprise : une femme de 32 ans, qui a déposé une demande d'aménagement d'horaires suite à la naissance de son enfant, est reçue dans le bureau de son responsable de service. Celui-ci se montre compréhensif quant aux nouvelles exigences de sa collaboratrice, lui renouvelle ses félicitations pour l'heureux événement, puis lui fait remarquer que les récents licenciements impliquent une hausse de charge pour chacun et ne permettent donc pas d'assouplir les horaires de la façon souhaitée. Les deux interlocuteurs travaillent ensemble depuis plus de six ans : ils se connaissent bien, s'estiment et ont toujours résolu leurs petits différends de façon courtoise et acceptable pour chacun. Le responsable de service est donc pris au dépourvu lorsqu'il assiste à la réaction de colère de sa collaboratrice. Cette dernière s'emporte, vitupère contre la culture d'entreprise, traite son interlocuteur d'« inhumain » et claque la porte. Surprise de l'intéressé. Il s'assied, reprend son travail en hochant la tête et pense : elle doit avoir des problèmes personnels, elle ne se contrôle plus.

Pour éclairer notre compréhension de l'individu, arrêtons-nous sur deux concepts : l'adaptabilité et l'agressivité. Il s'agit des deux forces qui entretiennent le mouvement chez l'homme.

Force de mise en mouvement, *l'adaptabilité* est plus ou moins importante selon les individus mais elle est présente en permanence. Sans même fournir un effort conscient, nous adaptons notre langage aux personnes que nous rencontrons, nous ne parlons pas de façon identique à notre voisin ou à un enfant, nous adaptons notre nourriture selon qu'il fait chaud ou froid, nous adaptons notre comportement selon le lieu dans lequel nous nous trouvons, fête foraine ou office funèbre. Force de mise en mouvement, l'adaptabilité est la condition nécessaire au comportement grégaire : si nous n'étions pas adaptables, nous serions incapables de vivre en société.

Autre force de mise en mouvement : *l'agressivité*. Ici, le terme n'a pas le sens qu'il a dans le langage courant. Dépourvu de sa connotation négative usuelle, il doit être compris au sens de mouvement : « aller vers ».

On peut identifier six formes d'agressivité qui présentent chacune des faces positives et négatives.

• *L'agressivité maternelle ou paternelle* qui pousse l'individu à agir pour ses enfants ou ses ascendants. C'est sur ce vecteur que l'agressivité de la jeune femme s'est déclenchée après le refus d'aménagement d'horaires. Dans sa forme positive, l'agressivité maternelle ou paternelle permet de protéger sa progéniture; dans sa forme négative, elle peut aboutir à étouffer cette même progéniture.

• *L'agressivité de rivalité* se déclenche lorsqu'il y a position de rivalité entre deux individus. Dans sa forme négative, c'est l'exemple déjà cité des deux directeurs de service qui, se livrant bataille pour prendre une option à la succession du président, en arrivent à se doter chacun d'un système informatique incompatible avec celui de l'autre. Dans ce cas, l'individu est si préoccupé par l'éviction de son rival qu'il va jusqu'à mettre en jeu l'intérêt général de l'entreprise à laquelle il appartient. De façon positive, l'agressivité de rivalité peut donner lieu à des performances intéressantes, au niveau individuel ou collectif, par exemple lors de matchs de football.

• *L'agressivité d'excitation* émane soit d'un état engendré par la prise de substances (drogue, alcool, champignons hallucinogènes), soit d'un rassemblement dans une manifestation collective (concert rock, piquet de grève, match de football). Dans sa forme négative, elle amène l'individu à s'aliéner, dans la boisson par exemple et, dans sa forme positive, elle l'amène à se regrouper pour de grandes causes (manifestations, rassemblements pour la paix, etc.).

• *L'agressivité territoriale* se déclenche lorsqu'il y a un enjeu de territoire, le terme recouvrant non seulement l'espace physique mais également l'espace de responsabilité, la fonction dévolue à l'individu ou son domaine de compétences. Dans sa forme négative, l'agressivité territoriale pousse l'individu à livrer bataille quant à la grandeur du bureau, l'épaisseur de la moquette ou le nombre de collaborateurs et de secrétaires qui l'entourent. Elle amène aussi certains individus à défendre leur pré carré pour refuser les changements en cours. Dans sa forme positive, elle motive nombre de conquêtes de marchés.

• *L'agressivité prédatrice* est celle qui permet à l'individu de vivre aux dépens de son environnement : préoccupations d'entreprise poussant les *hard-discounters* à s'installer en périphérie des hypermarchés ; préoccupations alimentaires poussant les enfants de Bogota à voler de la nourriture pour survivre. Dans un marché fermé, donc peu extensible, l'augmentation des parts de marché se fait surtout au détriment de l'autre, par voie d'agressivité prédatrice.

• *L'agressivité défensive* est celle qui met l'individu en mouvement lorsqu'il a peur : peur de mourir, peur du danger, peur de la torture, peur de perdre son emploi ou la personne aimée. C'est à l'agressivité défensive que fait référence Bill Gates, le patron de Microsoft, lorsqu'il déclare : « Dans ce boulot, le temps de réaliser que vous avez des ennuis et il est déjà trop tard pour sauver les meubles ; si vous n'avez pas peur tout le temps, vous êtes fichu. » La peur amène donc le chef d'entreprise à développer un vecteur d'agressivité défensif maximal. S'agissant de Bill Gates, cette agressivité lui permet de maintenir son entreprise « dans le coup ». C'est également le sens du titre de l'ouvrage d'Andy Grove, patron d'Intel, *Seuls les paranoïaques survivent*[1].

Adaptabilité et agressivité sont deux forces qui s'exercent en permanence, malgré nous. Selon le vecteur d'agressivité qui est excité, l'individu est plus ou moins adaptable.

Ce sont les agressivités maternelle ou paternelle et de rivalité qui laissent le moins de place à l'adaptabilité alors que les agressivités défensive et prédatrice lui en laissent le plus. Entre les deux, une zone floue renferme les agressivités d'excitation et territoriale.

1. Village mondial, 2e éd., 2000.

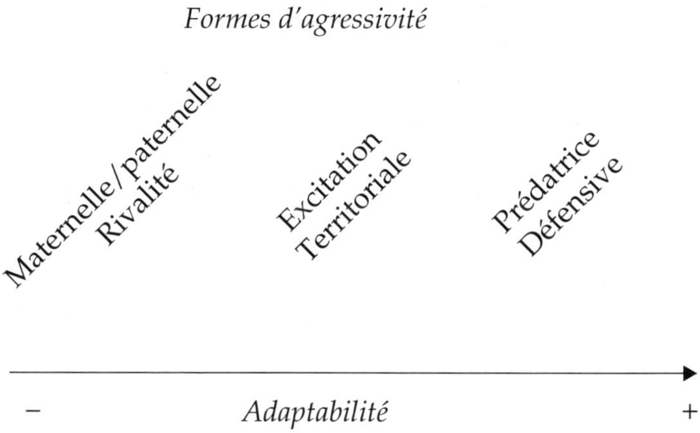

Agressivité et adaptabilité

À un extrême se trouve donc l'agressivité maternelle ou paternelle. C'est le cas de la collaboratrice qui s'emporte lorsque ses aménagements d'horaires lui sont refusés. C'est le cas de presque tous les parents lorsqu'un interlocuteur juge que leur progéniture est peu douée ou qu'elle se tient mal à table! C'est le cas d'une scène du film *Le Choix de Sophie,* dans lequel un nazi pointe son revolver sur la tempe d'une jeune mère et lui demande de désigner, entre ses deux enfants, celui qui l'accompagnera, sachant que l'autre partira vers la mort. Contrainte de se mettre en mouvement sur un vecteur d'agressivité maternelle, cette femme ne résiste pas à la pression. Dans tous les cas, l'agressivité maternelle ou paternelle laisse peu de place à l'adaptabilité.

À l'autre extrême, lorsqu'un individu est en position d'agressivité défensive, il développe un vecteur d'adaptabilité maximum. Adaptabilité positive lorsque l'individu est en phase avec l'environnement auquel il doit s'adapter. Adaptabilité négative lorsque l'individu doit piétiner ses propres valeurs pour s'adapter. C'est le cas de ces deux ouvrières de l'industrie textile qui ont travaillé côte à côte pendant quinze ans. Elle ont appris à se connaître, à s'apprécier, à devenir amies. Une rumeur traverse l'entreprise : l'une des deux fera partie de la prochaine vague de licenciement. Dès lors, l'individualisme prend le pas sur l'esprit d'équipe et la solidarité : il devient primordial de s'en tirer et de passer à travers les mailles du filet. Comme le dit Coluche, « l'horreur est humaine » : elle existe lorsqu'on met les gens en mouvement sur ce vecteur-là.

Il est dommageable, mais cependant fréquent, que certains managers, consciemment ou inconsciemment, mettent les gens en mouvement en utilisant le vecteur d'agressivité défensive. C'est regrettable, car il est plus constructif de motiver pour atteindre un objectif que de motiver pour échapper à une sanction.

Notre adaptabilité revêt parfois des formes insoupçonnées : nous sommes tous contre l'exploitation des enfants. Pourtant, qui n'a pas acheté une fois au moins une paire de chaussures réalisée dans un pays où 80 % de la main-d'œuvre est constituée par des enfants exploités ? Peu nous importe alors les conditions de travail dans ces pays, pourvu que les produits vendus ne soient pas chers. Peu m'importe également les répercussions de cet achat sur l'emploi dans mon pays.

Nous possédons tous, de façon plus ou moins marquée, toutes les formes d'agressivité et toutes les possibilités d'adaptabilité. Et pour revenir à La Fontaine : « ne soyons pas lynx envers nos pareils et taupes envers nous-mêmes ».

Le comportement relationnel spontané

Un homme se lève le matin. Il a bien dormi, il se sent très en forme. On peut qualifier son comportement d'agressif adaptable. Rappelons que le terme « agressivité » désigne ici « allers vers ». Durant la journée, cet homme a réussi à résoudre quarante-cinq petits problèmes. Le soir, il est encore en forme mais il est pressé de finir sa journée. Il devient agressif non adaptable. En rentrant chez lui, il se souvient tout à coup qu'une chaîne de télévision diffuse un match de football qui l'intéresse, tandis qu'une autre chaîne diffuse une émission que sa femme ne manque jamais. Tans pis pour le coup fourré : il rentre, se plaint à son épouse d'un mal de crâne inventé, d'un gros problème professionnel fantaisiste. Objectif : que sa femme consente à oublier son émission favorite et à le laisser regarder son match. À ce moment-là, l'homme est non agressif et non adaptable. Le lendemain, il se lève et se rend chez son banquier pour négocier un découvert. Il est adaptable et non agressif.

Ces quatre types de comportements représentent ce que l'on a appelé le comportement relationnel spontané, c'est-à-dire la façon dont l'individu entre spontanément en relation avec son environnement.

C'est en croisant les deux forces motrices principales – agressivité et adaptabilité – que nous avons identifié ces quatre types de comportements.

Chaque individu est multifacettes : il ne s'agit pas de ranger l'homme dans une case. Chacun peut, au cours d'une même journée, adopter les quatre types de comportement identifiés. Mais il se peut aussi qu'un individu ait un comportement relationnel spontané dominant.

• *L'agressif adaptable.* Il est en mouvement et, par son adaptabilité, s'enrichit de l'environnement auquel il se confronte. C'est le type même du leader, de celui qui se trouve sur un vecteur de progrès permanent.

• *L'agressif non adaptable.* Sûr de lui, de ses compétences et de son savoir, c'est un fonceur qui réussit – pas toujours – mais cause aussi beaucoup de dégâts.

• *Le non agressif non adaptable.* Il excelle dans les tâches répétitives – même si elles sont peu enrichissantes – et présente une inertie considérable au changement. Si l'on ne vient pas le déranger, il ne dérangera personne.

• *Le non agressif adaptable.* Homme de compromis, il hait les conflits. Fin négociateur, il se débrouille bien et avance confortablement dans la hiérarchie. C'est un bon second, il conseille bien.

Lorsque ces différents types de comportements relationnels spontanés entrent en contact, ils combinent leurs effets et produisent trois types de relations possibles : fluide, molle ou dure. Relation *fluide* lorsqu'un groupe de projet fonctionne. Relation *dure* lorsque l'opposition hiérarchique domine la relation. Relation *molle* lorsque les deux individus qui se rencontrent échangent sur le mode « ça va ? », « ça va ! ».

C'est en observant ce qui se passe dans une relation qu'il est possible de détecter une prédominance de comportement chez les individus, prédominance qui peut être temporaire ou fondamentale.

Ainsi, lorsqu'un agressif adaptable entre en relation avec un agressif non adaptable, il y a de fortes chances pour que les deux vecteurs d'agressivité s'opposent et que la relation se durcisse. Il va donc falloir que l'un des deux calcule la relation, l'agressif adaptable étant plus doué pour le faire, ce qui n'empêche pas l'autre d'apprendre.

Situation durcie également lorsqu'un agressif non adaptable rencontre un non agressif non adaptable. La relation peut se résumer par un monologue intérieur, l'un se disant « il n'y a rien à en tirer » et l'autre se disant « cause toujours mon bonhomme ». Là encore, l'efficacité de la relation passe par un calcul ou par un changement de manager.

Dernier point intéressant à méditer : on sait que l'adaptabilité maximale peut s'obtenir avec la peur. On sait aussi que le responsable hiérarchique fait toujours un peu peur : celui qui décide de votre avenir, de votre augmentation, de votre licenciement vous fait forcément peur. Qu'il le veuille ou non. Et comme il est porteur d'une part de peur, ceux qui lui font face vont développer un vecteur d'adaptabilité et se transformer. Lorsqu'on est porteur d'une part de peur, il est difficile de connaître ce qui habite ceux qui nous font face. Réflexion intéressante pour faire progresser les managers.

10

La transition : une approche comportementale du changement

Ce chapitre s'appuie sur les travaux de William Bridges[1].

Parce qu'ils recherchent en permanence la meilleure solution du moment, tout en sachant pertinemment que celle-ci sera obsolète demain matin, les responsables d'entreprises jonglent tant bien que mal avec des réorganisations internes, des redéploiements d'effectifs, des fusions et acquisitions, des recentrages d'activité ou des changements de culture d'entreprise.

1. Le lecteur pourra lire notamment *Transitions*, Addison-Wesley, 1980 et *Managing Transitions*, Addison-Wesley, 1991. Le premier titre a été traduit en langue française sous le titre *Transitions de vie : comment s'adapter aux tournants de notre vie*, InterEditions, 2006.

Ceux qui conduisent les changements dans les organisations pensent souvent que l'homme va s'adapter parce que… telle est sa nature. Le grand mot est lâché. Dans la réalité, on constate que le désarroi, la démotivation et la confusion sont plus souvent présents que l'adaptation au changement. Sans doute parce que l'exigence – posée par les entreprises – de vitesse dans l'adaptation ne tient pas compte du rythme des hommes. Ceux qui nient cette réalité accroissent le coût et la durée du changement. L'expérience le montre : les changements prennent toujours plus de temps et coûtent toujours plus cher que prévu.

La compréhension de la problématique de la transition peut donc permettre aux managers de contourner trois écueils : projets de changement qui échouent; projets de changement qui n'échouent pas mais dont la réalisation dure plus longtemps que prévu; projets de changement qui n'échouent pas mais font apparaître d'autres problèmes que prévus.

En effet, si l'on peut décider d'un changement quel qu'il soit, on ne peut pas décider, à la place des hommes, que ceux-ci s'engageront dans la voie nouvelle qu'on leur propose. Or, changer *contre* les hommes prend davantage de temps que changer *avec* eux. C'est pourquoi, lorsque le changement s'impose, il faut gérer ce que William Bridges appelle *la transition*, c'est-à-dire le processus psychologique à travers lequel passe un individu pour s'approprier le changement.

Ce processus est constitué de trois phases principales :

- la *fin*, qu'il faut comprendre et gérer car, pour les hommes, ce qui est nouveau implique l'abandon total ou partiel de ce qui est ancien;
- la *zone de passage* entre l'ancien et le nouveau, zone dangereuse mais pleine d'opportunités;

– le *nouveau départ* dont il importe clairement de choisir le moment et le rythme.

La problématique de la transition est d'autant plus difficile à faire comprendre aux managers lorsqu'ils sont *successfull*, car leur succès dans l'ancienne culture limite leur capacité à changer personnellement pour être en phase avec la nouvelle façon de fonctionner.

Les chefs d'entreprises pensent souvent qu'il est simple de changer les choses et mettent en œuvre le changement sans tenir compte de ce qui se passe ou risque de se passer demain. Mais les organisations ne sont pas construites comme des machines que l'on répare en changeant une pièce. En matière de changement, tout est beaucoup plus compliqué car le changement est un processus et non un événement.

En tant que processus psychologique d'appropriation, la transition est un temps nécessaire dont il serait illusoire de vouloir faire l'économie. En revanche, il est intéressant d'analyser et de comprendre ce temps afin de le raccourcir. Un réel avantage d'une organisation par rapport à ses concurrentes, c'est d'apprendre plus vite qu'elles : il lui faut aussi apprendre à changer. Cela fait désormais partie intégrante de la panoplie du savoir-faire nécessaire au management : on demande aux managers de faire régner au sein de leurs équipes un état d'esprit d'ouverture au changement plutôt que d'opérer dans leurs organisations des changements ponctuels et sans suite. Cette logique exige de nouveaux talents managériaux.

Dans la réalité, les trois phases (fin, zone de passage, nouveau départ) se superposent, s'entrechoquent et ce découpage n'a d'intérêt que pédagogique afin, d'abord, d'attirer l'attention des acteurs du changement sur un certain nombre de leurs comportements et sur les effets de ces comportements et, ensuite, de proposer à ces mêmes acteurs une série de comportements alternatifs.

Première phase : gérer la fin

Gérer ce qui est nouveau implique de gérer également la perte de ce qui est ancien, c'est-à-dire mettre en œuvre deux aptitudes : reconnaître une perte; compenser cette perte.

▸ 1. Reconnaître une perte et la compenser

Lorsqu'un manager est porteur d'un changement, il est persuadé, apportant un *mieux*, que les portes vont s'ouvrir puisqu'il va améliorer le quotidien de chacun grâce à ce qu'il propose. Déception au moment de passer à l'action car il s'aperçoit qu'il génère moins d'enthousiasme que prévu et la raison en est simple : un changement, quel qu'il soit, introduit dans un système, est perçu comme une perte de l'existant.

Qui perd quoi? Le syndrome de la boule de billard

Pour les managers, il est donc capital de gérer la fin d'une époque en commençant par identifier les pertes qu'implique le changement. Cette identification ne doit pas se limiter aux effets directs mais prendre en compte les effets collatéraux que l'on pourrait appeler le syndrome de la boule de billard.

Au billard, avec une canne, on peut percuter une boule pour qu'elle en percute une autre qui rentrera dans un trou (une « poche » pour les amateurs spécialistes). Voilà pour la théorie. En pratique, ça ne s'arrête pas là car la boule blanche qui a percuté continue son chemin. Il lui arrive d'aller elle-même dans un trou, ce qui est pénalisant pour le joueur. Elle peut aussi percuter d'autres boules qui vont compliquer le coup suivant. En termes de changement, il ne faut pas s'arrêter aux analyses premières du « qui perd quoi ? » Il faut savoir envisager le *changement du changement*.

Il faut donc à tout instant regarder plus loin, prévoir plus large. Il faut regarder la boule percutée mais également la suivre des yeux pour envisager le changement du changement. Il faut aussi savoir accepter que même en anticipant, on ne pourra pas tout prévoir.

Exemple : une modification d'horaires peut être vue par le management comme une contrainte tout à fait insignifiante. Comme si le fait de commencer son travail une heure plus tôt et de le terminer une heure plus tôt nécessitait tout au plus de décaler sa nuit de sommeil. Dans la réalité, une modification d'horaires peut engendrer des problèmes familiaux et financiers si, du fait de cette modification qui intervient dans un département de l'entreprise et pas dans un autre, deux collègues ne peuvent plus faire la route ensemble, ne peuvent donc plus partager les frais d'une seule voiture et d'un seul système de garde pour leurs enfants.

Une constante : ce que vous n'avez pas prévu

Face au changement, il peut y avoir des réactions disproportionnées, impossibles à anticiper : il faut le savoir et s'y préparer mentalement.

Exemple vécu : en raison de la généralisation des code-barres dans les systèmes de gestion, une grande entreprise identifie que 800 postes de secrétaires commerciales ne sont plus nécessaires et gère ce changement en prenant soin de limiter au maximum les licenciements. Résultat : une solution est trouvée pour plus de 750 secrétaires commerciales et seules 50 personnes sont licenciées dans le cadre d'un plan social. Le point de vue de l'entreprise est clair : il s'agit là d'une gestion très humaine, tenant compte de l'environnement, puisque l'impact social en est extrêmement limité avec seulement 50 licenciements sur 800 postes devenus inutiles. L'entreprise s'attend donc à une réaction positive de la base, qui allait lui en être reconnaissante. Mais la seule annonce d'un plan social, le premier dans la vie de cette entreprise, a fait l'effet d'une bombe : les salariés ont l'impression que l'on touche à la sécurité de l'emploi, principe jusqu'alors jamais remis en cause. Résultat : conflit non prévu, que la direction de l'entreprise doit accepter de gérer comme tel.

Cas pratique : reconnaître une perte

Un jour, la direction générale d'une entreprise de pêche prend la décision de ne plus faire revenir les navires à Boulogne mais de décharger à Aberdeen et de transporter le poisson à Boulogne en camions. La justification économique est claire : il s'agit d'éloigner les navires le moins longtemps possible de leur zone de pêche. Cette décision fait l'objet d'une résistance extrême de la part des marins-pêcheurs. Première réaction du management : il ne comprend pas pourquoi il n'arrive pas à faire passer sa stratégie pourtant évidente du point de vue économique. Dans les faits, la situation s'est détendue dès lors que le management a compris ce qu'une telle décision faisait perdre aux marins. Il existe une tradition dans la pêche boulonnaise : lorsqu'un marin quitte le navire, il emporte son seau de poissons. C'est sa *part de pêche*. Une part dont il peut disposer comme il le veut : la donner à sa famille ou la vendre à son copain restaurateur. Personne n'imaginait faire le trajet Aberdeen-Boulogne en TGV avec un seau de poissons. Voilà ce que le management n'avait pas repéré : cette tradition, qui ne représente rien par rapport au volume de poissons pêchés mais qui représente beaucoup pour chaque marin.

En clair : il faut écouter la réalité du changement. Les acteurs sont rationnels : quand ils résistent, c'est qu'ils ont, de leur point de vue, une bonne raison[1].

Le manager craint souvent de prendre des risques en reconnaissant une perte. Il y en a effectivement un : reconnaître le seau de pêche, c'est devoir le compenser. Mais ne pas reconnaître une perte, c'est mettre en jeu sa crédibilité managériale et, à travers elle, la réussite du projet de changement. Lorsque le manager reconnaît la perte, chacun se dit : « il me comprend, il me respecte ». Le sommet de la pyramide doit avoir cette simplicité : décider un changement et reconnaître les pertes qu'il implique pour les autres. Reconnaître et compenser.

Compenser une perte

Dès lors que le management a reconnu la perte, il faut qu'il la compense. Dans le cas des marins, lorsque le management a compris que le revenu de la part de pêche disparaîtrait, il a fallu mettre en place un mécanisme de compensation. Selon les situations, la compensation peut prendre la forme d'un avantage monétaire, matériel, de temps libre supplémentaire ou d'une explication visant à rajouter du sens. Au management de faire preuve d'imagination pour éviter que la compensation de la perte ne devienne un nouveau point de blocage.

---

1. Voir M. Crozier, E. Friedberg, *L'Acteur et le système*, Paris, Le Seuil, 1977 et F. Dupuy, *Sociologie du changement*, Paris, Dunod, 2004.

▸ 2. Être concret

Les managers, sans doute parce qu'ils n'envisagent pas la traduction concrète de leurs propos dans le quotidien professionnel de chacun, ont une capacité extraordinaire à prononcer des phrases qui n'ont aucun sens pour leurs collaborateurs. Or, ceux-ci ont besoin de savoir ce qui va changer pour eux au quotidien. Ils n'ont pas besoin de phrases vides de sens, du type « on va faire de la qualité » ou « on va faire de l'accueil ».

Expérience vécue : la scène se passe dans un restaurant où l'on met en place une politique de qualité. La direction demande à deux collaborateurs de s'engager dans ce nouveau projet en faisant désormais de l'accueil clients. Deux femmes qui faisaient du service se retrouvent donc soudainement à l'entrée, de l'autre côté du bar. Elles sont à leur nouvelle place, se demandent ce qu'elles doivent faire, ce qu'elles doivent dire, comment elles doivent se tenir. Retour rapide vers le manager : « l'accueil clients, ça veut dire quoi monsieur? ».

A contrario, il arrive fréquemment que le manager traite largement de problèmes qui ne préoccupent personne et passe à côté de l'essentiel.

Des zones d'incompréhension se créent alors rapidement :

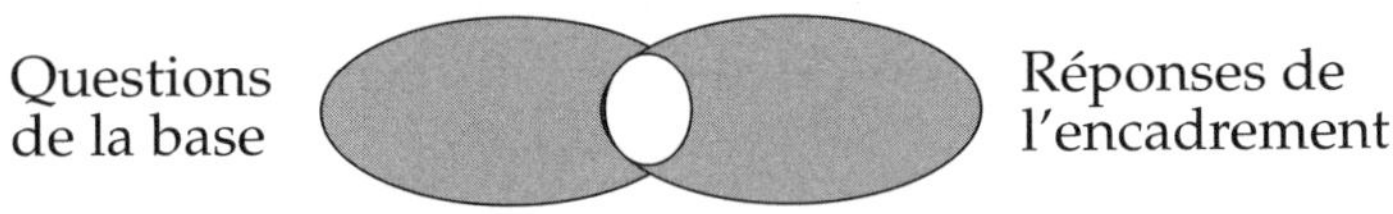

La partie blanche centrale est une zone de contact où se retrouvent les questions posées par la base et les réponses apportées par l'encadrement.

Les deux parties grisées sont des zones d'incompréhension :

- dans la partie grisée du cercle de gauche, on retrouve toutes les questions que se pose la base et qui restent sans réponse !
- dans la partie grisée du cercle de droite, on retrouve toutes les réponses de l'encadrement à des questions que personne ne se pose !

Pour initier le changement, le manager doit commencer par transmettre des messages compréhensibles qui tiennent compte du travail quotidien des salariés, de leurs véritables interrogations.

▸ 3. Appuyez-vous toujours sur le passé

Il faut toujours s'appuyer sur le passé et ne jamais proposer un processus de changement en laissant entendre « avant nous étions mauvais, maintenant on va devenir bons ». Les collaborateurs pensent au plus profond d'eux-mêmes « si nous sommes là aujourd'hui, en capacité de changement, c'est justement grâce à ce que nous avons fait jusqu'à ce jour ». Il appartient au manager de capitaliser sur l'histoire de l'entreprise et de ne pas tomber dans le piège tendu de l'oubli du passé. Il faut au contraire, face à l'inquiétude du lendemain, favoriser le dialogue et parler du passé quitte à ce que certains se disent « c'était mieux avant ». Chacun doit pouvoir emporter avec soi une partie du passé, ce qui peut prendre diverses formes : autorisation d'emporter avec soi telle ou telle partie appréciée de l'environnement précédent, ou simplement droit à la nostalgie, reconnue, respectée. En clair : donner la « possibilité de regretter ».

Deuxième phase : gérer la zone de passage

Deuxième phase : il faut gérer la zone de passage. Nous sommes en pilotage de nuit : chacun a compris qu'hier était fini mais chacun constate que demain n'a pas commencé. L'avion est en zone de turbulences et le pilote averti le constate aux symptômes suivants :

- l'anxiété monte et la motivation baisse ;
- l'absentéisme connaît des pics ;
- les « vieux » problèmes remontent à la surface ;
- la confusion règne : attention, les meilleurs peuvent partir ;
- les passagers se divisent entre ceux qui veulent avancer et ceux qui regardent le passé.

En bref, il s'agit d'une période fragilisante pour l'entreprise, qui devient vulnérable aux attaques extérieures.

Exemple concret de cette vulnérabilité : en cas de rachat d'entreprise, les hommes « rachetés » se disent que, très probablement, le doublon ne va pas durer longtemps. Suit alors une période d'incertitude : « vais-je piloter le département ou suis-je promis au poste de numéro deux ? » Ces hommes-là sont prêts à écouter les chasseurs de têtes et à quitter l'entreprise. Celle-ci court ainsi le risque de perdre des potentiels qu'elle aurait souhaité conserver.

Pour les managers, le moment est venu de faire éclater leur talent managérial : quand tout va mal, c'est le moment de se réjouir (au secours tout va bien, chic tout va mal) et de mettre en place une gestion de la zone de passage.

▸ 1. Formez une coalition puissante

Il faut créer une équipe soudée qui rassemble les quatre composantes permettant de faire aboutir à son terme le processus de changement (pouvoir, expertise, leadership et crédibilité) et se poser la question « comment réussir *ensemble* le changement? » En clair : on ne va jamais au changement tout seul, on y va avec une équipe. Les dirigeants qui gèrent le changement tout seuls s'engagent dans un processus plus dur et plus long que ceux qui partent en équipe.

▸ 2. Développez et communiquez une vision

La vision est essentielle pour mobiliser les énergies et canaliser les efforts. C'est au manager de créer une vision crédible et cohérente.

Mais cette vision, il faut aussi la communiquer : lorsque l'entreprise s'engage dans une politique de rationalisation des frais, chacun doit apporter sa contribution. En clair : quand tout le monde voyage en 2e classe, cela concerne aussi la direction générale. Quand il faut « bosser » les jours fériés pour préparer le passage à l'euro ou à l'an 2000, il est utile que le PDG soit avec ses collaborateurs dans l'entreprise et non en train de jouer au golf.

Il ne faut pas sous-estimer les efforts nécessaires pour faire partager la vision par l'ensemble de l'organisation :

- être proche du terrain;
- développer des activités conviviales;
- si nécessaire, créer un support de communication spécifique;
- se placer tous dans le même bateau, y compris vous, manager… eh oui, y compris vous.

▸ 3. Fabriquez des succès rapides

Il est impératif de fabriquer des succès rapides. Par nature, un patron voit de haut et regarde loin. Aussi, il aura tendance à voir le changement de façon globale, aérienne. Or pour que les équipes s'approprient le changement, il faut créer des succès rapides, des étapes intermédiaires, éventuellement fabriquées de toutes pièces. Il s'agit de s'appuyer sur la réussite d'un objectif pour faire comprendre à l'ensemble des collaborateurs que ce que l'on a proposé fonctionne et que l'on peut aller plus loin. Dans une planification de changement, il est utile de fabriquer des succès intermédiaires : sans résultats rapidement visibles, la démarche risque de perdre sa crédibilité et de se voir abandonnée par des acteurs clés. Il faut bâtir sur les premiers résultats pour soutenir la dynamique. Il s'agit ici d'appliquer au changement le fractionnement de la contrainte que nous avons évoqué dans le chapitre 3.

C'est un exercice fondamental pour la réussite du changement mais difficile à faire : il n'est pas aisé de baliser de succès le chemin du changement que l'on doit parcourir.

▸ 4. Formez vos managers à traverser cette période

Pour que les managers comprennent le changement, il faut leur donner un canevas qu'ils pourront transmettre à leur tour. Méfions-nous de la réaction classique : « ils ne comprendront pas ». En effet, tout le monde peut comprendre dès lors qu'il y a explication et partage d'expériences. Il ne s'agit pas de psychothérapie mais d'explication et de formation au changement. Mais attention : personne n'explorera de solutions à des problèmes anciens ou nouveaux si on ne lui permet pas l'erreur. L'erreur ne doit pas devenir un matricule gravé sur la tête de celui qui l'a « commise ». Il s'agirait là d'une gestion affective et bloquante de l'erreur. Pour trouver, il faut chercher. Pour chercher, il faut laisser chercher. En laissant chercher, il faut admettre la survenance d'erreurs.

▸ 5. Informez, informez, informez

En période de changement, les hommes ont un besoin encore plus aigu et plus impératif de savoir ce qui se passe. Toute situation qui sort de l'ordinaire nécessite un effort supplémentaire d'information. Exemple que tous les parents ont vécu : lorsqu'un enfant a de la fièvre et que le médecin ne dit rien, les parents s'inquiètent davantage lorsque la fièvre continue le lendemain. Si le médecin informe les parents que c'est une rougeole, que la fièvre va encore durer deux ou trois jours, les parents passent de l'inquiétude au traitement : il surveille le niveau de la fièvre, gère le stress, ne rappelle pas le médecin de façon inutile, s'occupe efficacement de leur enfant. Chacun y gagne : le médecin, l'enfant, les parents. Simple question d'information.

Situation similaire en entreprise : il ne s'agit pas de cacher les rougeoles mais d'informer les collaborateurs sur les réalités, en évitant de se réfugier derrière quatre syndromes répétitifs.

1. Je ne sais pas tout

Premier syndrome : « je ne sais pas tout, donc je ne peux pas tout dire ».

Objection Votre Honneur : « Certes, mais si vous attendez de tout savoir avant de parler, vous ne direz jamais rien ! »

2. Je l'ai déjà dit

Deuxième syndrome : « je l'ai déjà dit ».

Objection Votre Honneur : « D'accord, vous l'avez dit, mais est ce que cela a été compris? N'est-il pas nécessaire que vous répétiez, et si possible que vous reformuliez de façon différente, puisque cela n'a pas été compris ! »

3. C'est à lui de parler

Troisième syndrome : « Ce n'est pas à moi de le dire, c'est à l'autre : j'ai délégué ».

Objection Votre Honneur : « C'est vrai, vous avez délégué, mais vous détenez le propos légitime, c'est donc à vous de parler ! »

4. Les secrets

Quatrième syndrome : « Attention c'est confidentiel, je ne peux pas le dire ».

Objection Votre Honneur : « D'accord, c'est secret, mais si on va à la cafétéria, on en entendra parler. Certes, il existe des informations ou projets confidentiels dans les entreprises, mais arrêtons de délirer : 90 % du confidentiel, tout le monde en parle! »

Objections retenues.

▸ 6. Mettez en place un groupe de suivi du changement

Lorsqu'il y a un grand projet de changement, dans les entreprises américaines notamment, on met en place un *transition monitoring team*, un groupe de suivi du changement. Il s'agit de rassembler l'ensemble des problèmes et de créer un groupe de travail pour trouver des solutions.

Ce groupe rassemble des collaborateurs de fonctions et responsabilités différentes; il a une durée de vie limité et n'a pas de pouvoir hiérarchique. Parallèlement à sa fonction originelle de résolution de problèmes, ce groupe a trois fonctions importantes.

- Il fonctionne comme un *observatoire social* : il renseigne le top management sur la façon dont se passe le changement. Il facilite la communication ascendante, remonte l'information – sur un mode évidemment non nominatif – concernant la façon dont le terrain vit le changement.
- Il sert de *laboratoire d'idées*. Avec ce groupe, le top management teste des pistes : « et si on faisait comme ceci, qu'en pensez-vous? »
- C'est un *régulateur de rumeurs*. Le groupe régule la rumeur car il en est à l'origine. Comme le disent les gens sages, « tant qu'à avoir des rumeurs dans une entreprise, autant qu'elles proviennent des gens qui sont informés ».

▸ 7. Développez la créativité : tout le monde au travail

La zone de passage, c'est aussi :

- un moment opportun pour questionner le quotidien;
- l'occasion de traiter avec beaucoup d'attention les idées émises pas vos collaborateurs;
- le moment d'aller voir ailleurs (*see and touch*);
- une occasion d'encourager les expériences;
- c'est enfin le moment de résoudre les vieux problèmes que l'on croyait insolubles.

Troisième phase : prendre un nouveau départ

Le nouveau départ commence par une période d'incertitude : les hommes ont des doutes sur le nouveau mode de fonctionnement et sur leurs capacités personnelles à monter sur le pont pour affronter ce nouveau départ. Il s'agit donc d'une période de risques car elle renvoie souvent les hommes à l'image de leurs échecs antérieurs.

Rien n'est pire que d'ajouter l'incertitude à l'incertitude : les pilotes ne doivent pas masquer qu'un nouveau départ est annoncé... Décollage immédiat.

▸ 1. La gestion symbolique du changement

Il est indispensable de marquer symboliquement le nouveau départ : avant c'était comme ceci, maintenant ce sera comme cela. Pour marquer cette période, n'hésitez pas à utiliser des symboles, à l'instar de ce qui s'est produit chez Massey-Ferguson, constructeur de machines agricoles.

Peu après son arrivée, le nouveau PDG a identifié un problème majeur : chaque filiale Massey-Ferguson avait sa stratégie, l'entreprise se présentait comme un géant constitué d'une mosaïque de petites structures. Le PDG a empilé l'ensemble des notes stratégiques, règlements internes et autres documents fondateurs de la politique et de la vie de ses filiale. Résultat : un tas de un mètre de haut que le PDG a pris soin de déposer à ses côtés lors d'une intervention devant les cadres de l'entreprise. Quelques minutes après avoir commencé sa présentation, le PDG a donné un coup dans la pile de papiers. Les pages ont volé alentour; le PDG a tiré une feuille – une seule – de sa veste et l'a lue après avoir déclaré « Maintenant, Massey-Ferguson, c'est ça ».

Exemple concret de gestion symbolique du changement. Attention toutefois, dans ce type de gestion symbolique, à ne pas renier le passé.

▸ 2. Vendez les problèmes, pas les solutions

Dans les entreprises, on a parfois l'impression que d'un côté il y a des gens qui rencontrent des problèmes et puis il y a les autres... ceux qui gèrent les problèmes, doivent apporter des solutions et dépenser une énergie considérable pour vendre des solutions à des problèmes qu'ils n'ont pas posés.

Le rôle du dirigeant n'est pas de dicter le changement mais d'inspirer le changement. Le manager n'a pas pour vocation de fournir toutes les réponses : il a pour vocation de mettre en commun les problèmes, d'organiser la recherche de solutions. En résumé : le manager est là pour créer les conditions du succès.

Les managers doivent aussi garder en mémoire qu'à chaque niveau de l'entreprise correspond un niveau de problème : problèmes stratégiques au niveau stratégique, problèmes organisationnels au niveau de l'encadrement, problèmes opérationnels au niveau du terrain.

▸ 3. Attention à l'effet marathon

Marathon à New York. En première ligne on trouve les meilleurs. Moi je suis à 1 km de là. Le coup de feu est lancé, la première ligne part en flèche. Moi je n'ai rien entendu : je parle avec mon voisin. Une rumeur nous interrompt : il paraît que le départ a été donné. Je démarre en marchant tranquillement. Quand je franchis la ligne de départ, vingt minutes plus tard, les premiers ont fait plus de dix kilomètres. C'est ça, l'effet marathon : les gens ne vont pas à la même vitesse, pas plus en entreprise qu'en course à pieds. On peut donner le départ d'un changement mais il faut comprendre, admettre, piloter et gérer le fait que la vitesse est différente pour chacun. On ne peut pas fonctionner par sélection/exclusion et ne conserver que des gens qui sont capables de courir le marathon en deux heures.

Le problème du manager n'est pas de faire prendre le départ aux gens qui sont sur les premières lignes et font 2h10 mais de faire arriver les 4h45 qui eux, passent la ligne de départ environ 20 minutes après que les premiers l'aient franchie.

▸ 4. La confiance, rien que la confiance, toute la confiance

Il n'y a rien de plus important que la confiance. Rien : ni les théories du changement que l'on peut lire ici ou là, ni ce chapitre qui est davantage une grille de lecture qu'un exposé théorique ou méthodologique.

En matière de confiance, il existe cependant quelques règles simples :

- faire ce qu'on dit;
- ne pas annoncer de promesses que l'on ne pourra pas tenir;
- écouter les gens attentivement et leur dire ce que l'on a compris qu'ils nous disaient; accepter les corrections, réviser son point de vue : les gens ont confiance en ceux qui les comprennent;
- comprendre ce qui est important pour les autres et se battre pour le préserver;
- se montrer tel qu'on est : cacher un défaut améliore l'image mais ne bâtit pas la confiance;
- être attentif à ce qu'on pense de vous;

- ne pas demander aux autres de vous faire davantage confiance que vous ne le faites ;
- ne pas confondre faire confiance et « être copain » ;
- ne pas être surpris si les actions entreprises pour développer la confiance génèrent dans un premier temps de la méfiance ;
- être simple, dire la vérité.

L'expérience montre que si vos collaborateurs ont confiance en vous, il vont là où vous leur dites d'aller. Dès lors qu'existe la confiance, le changement est facilité. Cette problématique de la confiance est fondamentale, car la confiance est dure à gagner et facile à perdre. Le manager qui s'est décrédibilisé, qui a triché ou trahi peut mettre les précis méthodologiques de gestion du changement à la poubelle car il doit d'abord regagner la confiance et ceci ne s'apprend pas dans les livres. Sauf à la page précédente !

11

Dis-moi l'âge de ton entreprise, je te dirai qui elle est

Dans les chapitres qui précèdent, nous avons examiné diverses grilles de lecture permettant de comprendre la relation qui lie l'homme à son environnement, en partant du plus proche – avec la notion de groupe d'accueil – pour élargir progressivement la focale avec les valeurs de groupe et la notion de transition[1]. Nous allons maintenant élargir encore plus notre vision, en abordant la question centrale des stades de croissance que traverse l'entreprise. En effet, en management, une erreur fréquente consiste à rendre les hommes responsables de problèmes qui trouvent en réalité leur origine dans le stade de développement de l'entreprise.

Une entreprise est une organisation composée d'hommes et de femmes ayant une mission commune.

---

1. Voir chapitre 10.

C'est donc un organisme humain. Par extension, on peut dire que c'est un organisme vivant dont la nature est de naître, de se développer et de mourir, de préférence après avoir assuré sa reproduction. Notons tout de suite que la durée de vie moyenne des entreprises est nettement inférieure à celle des êtres humains, puisqu'elle ne dépasse que très rarement 50 ans.

Une entreprise naît toujours de la même manière : la fécondation par un humain porteur d'une idée (produit ou service) d'un marché qui l'accueille. Elle entre dans la *phase* dite *pionnière*.

Dès que la période de « mortalité infantile » est dépassée et que l'entreprise peut se développer, elle entre alors dans l'âge adulte qui a ses caractéristiques et ses exigences propres. Souvent ce qui était toléré jusqu'alors devient source de difficultés. Les procédures et le contingent d'experts qui les accompagnent envahissent le paysage. Ils permettent l'industrialisation. L'entreprise entre alors dans sa *phase de maturité.*

Mais deux dangers guettent. Celui de devenir trop gros ou trop complexe, ou les deux. La maladie et sa conséquence prévisible, la mort, s'approchent. Il est alors urgent de revenir à l'essentiel. C'est la *phase* dite *de l'essentialisation*.

Le comportement des acteurs sera différent selon l'étape de la vie dans laquelle se trouve l'entreprise. Ce qui est recommandé à un des moments de vie de l'entreprise devient contre-productif à d'autres et vice versa. « À quel moment de sa vie se trouve l'entreprise ? » est donc une question clé, pour celui qui la dirige, pour celui qui y travaille ou pour celui qui s'apprête à la rejoindre. C'est la raison d'être de ce chapitre.

Afin de prendre le recul nécessaire à une vue globale, nous allons analyser ces trois âges de la vie de l'entreprise :

- la nouvelle entreprise, relativement jeune, correspond à l'âge des pionniers ;
- l'entreprise adulte et stabilisée correspond à l'âge de l'organisation ;
- l'entreprise mûre se recentre sur l'essentiel face aux excès ou dérives bureaucratiques.

Ce chapitre poursuit un triple objectif : prendre conscience des différents stades de développement et des caractéristiques qui leur sont rattachées ; identifier les difficultés propres à chaque période ; donner des pistes pour gérer chaque situation.

L'âge des pionniers

L'âge des pionniers englobe la période de la création, du lancement et de la première grande percée. La durée de cette phase varie selon différents paramètres, notamment le secteur d'activité concerné, les difficultés rencontrées lors du démarrage et les circonstances économiques.

S'il est difficile de préciser la durée de cet âge, il est plus facile de le caractériser. Par exemple, il est rare en France qu'une nouvelle entreprise soit créée par un groupe (et cela est d'ailleurs regrettable et souvent dommageable) : il s'agit généralement d'un *one man show*, de l'affaire d'un seul homme qui porte, dans toutes ses composantes, le projet. L'entreprise reflète la personne du fondateur ou des pionniers, avec leurs forces et faiblesses propres, et l'on pourrait dire qu'il suffit de connaître le pionnier pour connaître l'entreprise et vice versa.

Prenons, par exemple, une entreprise lancée par un ingénieur qui ne mesure pas l'importance de la comptabilité et considère cette dimension comme secondaire. L'entreprise aura tendance à porter cette marque de fabrique même à un stade de développement ultérieur. Elle aura tendance à devenir une entreprise ingénieuse, intelligemment construite, bien organisée mais où la comptabilité restera archaïque. La trace de la personnalité du fondateur est « encapsulée » presque génétiquement dans l'organisation de l'entreprise.

L'entreprise jeune peut donc se reconnaître à un certain nombre de caractéristiques propres que cette première partie se propose d'identifier.

▸ Un déploiement d'énergie et de vitalité

Jamais une entreprise ne travaillera avec autant d'acharnement qu'au stade des pionniers. C'est la phase de concentration de l'effort. La somme de travail, de peine et de temps, investie dans le lancement n'est ni comptabilisée, ni récompensée. Et tout cela semble normal aux collaborateurs. Le problème de la motivation des « cadres » se pose peu, parce que les hommes sont enthousiastes et parce qu'il n'y a pas, à proprement parler, de cadres, ainsi que nous le verrons ultérieurement.

C'est la période des rêves, des espoirs, de l'audace, de l'acharnement frénétique, parfois traversée d'un certain romantisme managérial, attestant que la création de cette entreprise s'accompagne d'un idéal. Les collaborateurs se dépensent sans compter, sans arrière-pensée, tout simplement parce qu'ils sont animés par cette ambition collective, qu'ils ont le goût et la soif de créer. Cette énergie a tendance à se transmettre et à irriguer l'ensemble du projet et de ses acteurs.

▸ Une organisation sommaire à deux niveaux : la direction et l'exécution

À l'âge des pionniers, il n'y a pas d'échelons intermédiaires. La notion de cadres est généralement inexistante, car les hommes font un peu de tout, mélangeant les responsabilités, depuis celles de « serviteurs » très personnels du fondateur à celles de co-gestionnaires. On pourrait parler de « régime des majordomes » dans un sens non péjoratif : les collaborateurs ont charge de « maison », ce qui comprend à la fois l'organisation d'un dîner au domicile du créateur et la propreté des locaux de l'entreprise.

La notion de cadres, au sens classique du terme, est inconnue. Le dirigeant, le pionnier, ne dirige pas avec des cadres, mais avec des hommes qui exécutent. Ici il n'est pas question d'organisation pyramidale – que l'on connaîtra à l'âge de la maturité – mais d'une organisation simple et aplatie. Au centre, on trouve une sorte de soleil qui prend une telle place qu'il n'en reste plus beaucoup pour les autres. Autour, il y a des satellites qui tantôt se rapprochent et tantôt s'éloignent, selon les besoins du projet ou la configuration des relations personnelles. À l'âge des pionniers, ce type de système solaire est efficace car le fondateur ne raisonne pas en termes de fonctions – Direction des ventes, Direction de la production, Direction financière, etc. ; il gère en se disant : « j'ai Pierre, Chloé et Paul entre qui je dois partager le travail, afin d'en retirer le maximum ». De manière informelle et intuitive, le pionnier neutralise personnellement les défauts de ses collaborateurs et maximise leurs personnalités. Le groupe est très centré sur les personnes et donne le maximum de possibilités de valorisation des qualités personnelles. Bien qu'il ne procède pas d'une construction logique, le système tient. Mais plus l'entreprise se développe, plus son mode d'organisation devient illogique et confus. Finalement, plus personne ne s'y retrouve. C'est l'une des causes de la crise que l'on rencontre à la fin de l'ère des pionniers.

Jamais au cours de la vie de l'entreprise, la distance psychologique entre les dirigeants et les exécutants n'est à la fois plus grande et plus petite :

- plus grande, car aux yeux des subordonnés, le pionnier est un homme extraordinaire, qui paie de sa personne, un homme fort qu'il faut suivre sans la moindre hésitation et que l'on place sur un piédestal ;
- plus petite, parce que le pionnier a vécu avec ses compagnons du début toutes les difficultés, tous les essais, tous les tâtonnements, tous les ennuis de l'entreprise débutante, ce qui a créé entre eux une solidarité, une camaraderie tout à fait spéciale.

En d'autres termes, le système relationnel est assis sur un cocktail explosif d'admiration sincère, de camaraderie et de crainte.

▸ Une organisation non conformiste et informelle

Le pionnier repousse vers ses collaborateurs les corvées qui ne lui plaisent pas, les fonctions qui lui paraissent désagréables, les travaux nécessaires auxquels il ne s'intéresse pas. Ses aides font de même. Et c'est ainsi qu'un premier courant de délégations traverse l'entreprise, chacun retenant ce qu'il croit être substantiel, ce qui l'amuse et l'intéresse, et repoussant ce qui ne l'est pas.

On dit parfois qu'il n'y a pas de délégation dans la petite entreprise. C'est inexact : dans la petite entreprise, les dirigeants délèguent ce qui ne leur plaît pas, alors que, dans la grande entreprise, ils doivent se saisir de tout ce qui relève de leur champ de responsabilité, que cela leur plaise ou non.

Parce qu'il est basé sur les préférences et les aversions des hommes clés, ce premier courant de délégations « fabrique » des organisations originales, des organigrammes qui, comme des toiles d'araignée asymétriques, sont tissés autour de la personne du fondateur. Les fonctions sont extrêmement personnalisées, c'est-à-dire taillées sur mesure, selon les caractéristiques des individus qui les occupent.

Dans un premier temps, ce type d'organisation est efficace. Mais le développement ultérieur de l'entreprise rendra nécessaire une révision de l'organisation sur une base rationnelle. Passage obligé qui heurtera le fondateur, comme nous le verrons ultérieurement.

Tout s'est donc structuré selon les capacités personnelles du fondateur et de son entourage, plutôt que selon des considérations logiques. Pour l'instant cela marche, c'est épatant, simple et flou à la fois. Et le pionnier s'en satisfait, disant à qui veut l'entendre : « Pourquoi définir une organisation ? Les circonstances changeront peut-être demain mais aujourd'hui ça fonctionne ». Le pionnier est pragmatique, il n'éprouve pas le besoin de découper les responsabilités et changer l'organisation.

▸ Un style de direction autocratique, mais apte à l'improvisation

Les deux moyens de direction dans une entreprise de pionniers sont le « pifomètre » et le « trouillomètre ».

Pour les subordonnés, ce style semble supportable en raison du courant de prestige dont bénéficie le dirigeant. Aux yeux de ses subordonnés, le fondateur est l'homme qui peut tout faire, qui est rempli de projets et d'idées, qui est enthousiasmant. Il donne l'exemple, paie de sa personne. C'est une sorte de personnage légendaire, imbattable et sûr de lui, qui connaît la voie du succès et qu'il faut donc suivre sans la moindre hésitation. Ce mode de fonctionnement et d'« allégeance » est très sommaire, très catégorique, très autocratique mais parfaitement accepté.

La direction est intuitive et impulsive. C'est le régime « tourne-veste » : telle décision prise aujourd'hui, sera inversée demain et cela convient au pionnier, puisque les circonstances changent. Cette capacité d'adaptation s'avère indispensable au début. C'est une loi inscrite dans la nature : tout ce qui est faible doit être extrêmement adaptable pour survivre.

L'improvisation se répercute d'ailleurs sur l'ensemble de l'organisation. Elle peut, par exemple, se refléter jusque dans les bâtiments où siège l'entreprise. Parce que tout est expansion vitale, on assistera à une expansion improvisée de bâtiments disparates.

Plus tard, arrivera le moment où un changement profond sera nécessaire pour pouvoir débloquer le système. Ce sera la première grande crise de croissance et certains détecteront sa survenance avant d'autres.

▸ La direction générale n'existe pas

La direction générale n'existe généralement pas, en particulier lorsque le pionnier se réserve les deux casquettes, l'une de spécialiste, l'autre de généraliste. Si, par exemple, le pionnier est un habile vendeur, tous les clients achètent, lorsque c'est lui qui assure l'interaction avec le client. Seulement, entre-temps, le pionnier néglige la finance et perd par une mauvaise gestion financière tout ce qu'il gagne par une direction commerciale astucieuse ou intuitivement efficace.

Pratiquement, tous les membres de l'entreprise sont directement productifs, tous ont des responsabilités organiques. L'entreprise, ou plutôt son fondateur, ne veut pas de cadres fonctionnels – statiques – car ce sont des mangeurs de capitaux gagnés par d'autres. Il n'est donc pas question d'en avoir, ou alors en avoir le moins possible. Cela amène souvent un énorme déséquilibre à l'intérieur de l'organisation. Le déséquilibre dans la gestion est la cause première de mortalité des nouvelles et jeunes entreprises.

En contrepartie, la communication est très facile dans l'entreprise car le pionnier connaît tous les hommes. Il peut les joindre à tout moment comme il le souhaite : pas de bureau, pas de cloisonnement qui puisse restreindre le pionnier dans sa liberté de mouvement. De ce point de vue, l'entreprise des pionniers est une entreprise heureuse.

▸ La fin de l'âge des pionniers

La première phase dans le développement de la vie de l'entreprise prend fin sur l'action conjointe de facteurs économiques et humains.

L'extension de l'entreprise et la complexité des problèmes qu'elle engendre sont devenues telles que le pionnier se trouve de plus en plus dépassé. Du fait de son organisation « floue », il néglige ou est amené à négliger des problèmes importants, ce qui freine le progrès de l'entreprise et amène, par ricochet, des tensions.

Nous avons vu que le pionnier a généralement une organisation sommaire et une pyramide plate. Il est en contact direct avec dix ou quinze personnes. Or, l'accès étant trop facile pour ces « *direct reports* », il se passe fatalement qu'un nombre trop élevé de personnes vient le solliciter avec des problèmes jugés importants et l'accapare au détriment du temps consacré à des questions plus essentielles. Son périmètre de contrôle est trop large. L'improvisation, si efficace et pertinente au début, commence à paraître de plus en plus inadéquate.

Il arrive aussi que la réserve d'idées du fondateur soit épuisée. Il avait des formules de succès, des idées originales qui ont été imitées, copiées et il ne génère plus la même force d'attraction, les mêmes succès qu'au début. Les compétences des « grognards » de la première heure sont mises à l'épreuve et atteignent leurs limites. D'autre part, le prestige du fondateur s'amenuise. Les frictions entre personnes et services de l'entreprise, auxquelles le pionnier ne met pas fin – par suite de son organisation irrationnelle – commencent à nuire à sa réputation.

L'entreprise commence à gagner de l'argent, le cashflow est au rendez-vous, les ressources s'accroissent mais le fondateur ne lâche pas les cordons de la bourse. Certaines fonctions supports (comptabilité, personnel administratif) restent mal payées. Des investissements immatériels porteurs d'avenir ne sont pas faits. Avec son souci permanent d'économie, qui est aussi gage de survie, le pionnier veille à tout instant à ce que les frais généraux soient le plus réduits possible.

À la fin de l'ère des pionniers, ces contradictions pèsent lourd et représentent une forme de handicap.

Au fur et à mesure que le prestige du pionnier se détériore, ses tendances autocratiques apparaissent de plus en plus intolérables. Intervient alors une révolte larvée ou violente des subordonnés. Les hommes se soulèvent et veulent en quelque sorte « collectiviser » la gestion, afin de la rationaliser et de la construire sur de nouvelles bases. Nous avons tous connu des situations où les pionniers étaient « débarqués ». Le sort des pionniers n'est guère enviable.

Cette révolte peut prendre différentes formes :

- *La révolte des petits contre les grands*. On assiste alors à une frénésie iconoclaste. Le fondateur est brusquement tenu responsable, personnellement, de tous les maux de l'entreprise. On le déchire sans merci et on a hâte de faire disparaître les vestiges de sa présence.
- *La révolte des organisateurs contre les fonceurs*. Le fondateur est toujours un taureau sans expérience car, s'il en avait, il n'aurait pas lancé l'affaire. Il faut une certaine naïveté ou inconscience pour lancer une affaire, pour aller de l'avant. Le fondateur est donc toujours l'homme qui fonce comme le taureau, avec une force brutale. La révolte a généralement pour objet d'isoler le pionnier de l'organisation pour construire une organisation différente.
- *La révolte des nouveaux contre les anciens.* Une scission se produit dans l'entreprise entre les anciens combattants et les nouveaux qui n'ont pas connu l'ère héroïque et qui parlent avec un certain mépris de tout ce qui a été fait auparavant. Généralement, la fronde est menée par les nouveaux et presque toujours par des diplômés dont les pionniers se méfient. Affectivement, les révoltés ont des rapports beaucoup plus neutres vis-à-vis des pionniers que les collaborateurs du début qui ont vécu toute l'épopée.

La révolte s'articule autour de deux revendications majeures :

- *L'organisation* doit devenir plus rationnelle, les rôles et responsabilités de chacun doivent être mieux définis.

- *Le style de direction* doit devenir plus participatif. Chacun veut être consulté, y compris sur les choix stratégiques.

Dans cette phase dite de transition, l'entreprise devient plus fragile. Ses résultats s'amenuisent. Elle qui était habituée à la vitesse devient plus lente. Les prises de décision sont plus complexes. Les frais généraux augmentent. L'époque est décidément moins heureuse.

La transition vers la phase de maturité ne se fait jamais sans douleur !

La phase de maturité

C'est l'âge de l'organisation. La créativité est mise au service du « comment mieux travailler ensemble ».

- *Sur le plan horizontal*, l'entreprise est découpée en un certain nombre de compartiments/départements dont les contours sont précisés, les responsabilités établies et les managers nommés. Un homme, une équipe, un projet, un compte d'exploitation : c'est la naissance des territoires.
- *Sur le plan vertical*, on développe des étages. L'organisation plate fait place à un comité de direction et à une pyramide qui permettent de mieux embrasser toutes les fonctions.

Tout l'effort d'organisation vise à donner à l'ensemble une dimension logique.

▸ **Soulagement des jeunes, résistance des anciens**

Pour les nouveaux, cette seconde phase est un soulagement, une sortie du régime de l'arbitraire.

En revanche – et c'est vrai surtout quand le passage de la première à la deuxième phase se produit trop tôt ou trop violemment – les collaborateurs du début vivent mal cette transition. Le nouveau système est interprété comme une critique de l'ancien. Ainsi s'instaure un dialogue de sourds qui produit des tensions au sein de l'entreprise.

Les anciens collaborateurs n'arrivent pas à s'adapter à la nouvelle organisation, qui n'est plus centrée sur les hommes mais sur les fonctions.

C'est ainsi que longtemps après la révolte, la résistance des anciens contre le nouveau système subsiste. L'ancien fonctionnement a tendance à survivre dans le nouveau sous forme d'organisation informelle. Pendant des années l'organisation est hybride, au moins dans les faits. Sous l'organisation formelle, subsistent des relations informelles qui peuvent, suivant les circonstances, être plus ou moins importantes.

▸ Changement des tâches de l'encadrement

La seconde phase du développement de la vie de l'entreprise se caractérise par une formalisation des tâches de l'encadrement.

- *Délégation* : il faut apprendre à déléguer, c'est-à-dire confier à autrui des tâches qu'on exécutait auparavant soi-même avec plaisir et gratification. Dans un premier temps, la délégation produit de l'agacement, car l'« autre » exécute forcément moins bien, ou plus lentement, ou différemment.
- *Respecter le territoire de l'autre* : avant, tout le monde faisait un peu de tout. Aujourd'hui, les missions sont mieux réparties et délimitées, mais certains se sentent amputés d'une part de leurs prérogatives. Ceux qui essaient d'enjamber les lignes de démarcation, au nom par exemple de leurs habitudes ou de leur effica-

cité antérieure, suscitent des réactions de protection territoriale. Inévitablement, les tensions se développent.

L'entreprise laisse cohabiter les deux modes de collaboration possibles dans toute organisation et joue sur les deux registres de façon équilibrée :

- *La coordination*, d'une part, basée sur des processus normatifs et obligatoires qui s'imposent à tous, permet d'industrialiser l'activité. Elle a notamment pour but – on oublie trop souvent de le dire – de simplifier la vie des individus, en leur évitant d'avoir à tout moment à rechercher des solutions personnelles à des questions récurrentes.
- *La coopération*, d'autre part, qui s'appuie sur des ressorts totalement différents. Elle repose sur la capacité des êtres humains à s'ajuster entre eux de façon libre et volontaire, afin de régler les problèmes nouveaux que ne manquera pas de leur soumettre la complexité du monde environnant.

Une fois passée la phase de transition, c'est pendant ce deuxième âge que l'entreprise atteint son plus haut niveau de performance. Elle se trouve à un carrefour vertueux : les investissements en temps comme en argent ont été réalisés, l'entreprise est dotée de tous les organes indispensables pour se servir des compétences très spécialisées et coûteuses qu'elle a acquises, son organisation n'est pas encore devenue trop lourde.

▸ L'organisation engendre l'organisation : « jusqu'où s'arrêtera-t-on ? »

C'est de l'organisation elle-même, facteur-clé de succès de la phase de maturité, que viendront les dérives. Elle porte en elle les germes de sa destruction. Comme dans tous les systèmes vivants, une caractéristique est bonne jusqu'à un seuil où elle devient nocive.

L'organisation grossit, elle se complexifie. L'entreprise s'alourdit et devient moins réceptive aux sollicitations du marché. Les frais généraux dérapent. Les hommes passent un temps considérable à produire des tableaux de bord, destinés à rassurer le « corporate ». Le terrorisme organisationnel guette.

Trois types de populations figent l'entreprise et freinent toute tentative de remise en cause :

- *Les barons* : ils sont bien installés dans leur territoire et voient d'un mauvais œil les logiques de coopération transversale qui enjambent les territoires ;
- *Les experts* : ils savent faire fonctionner le système. Plus le système demeure complexe et opaque, plus ils détiennent de pouvoir : celui de réparer.
- *Les consultants* : ils n'ont pas intérêt à ce que les gens puissent résoudre par eux-mêmes les problèmes du quotidien. Tant que la machine est grippée, les hommes oppressés par le poids de l'organisation, ils peuvent vendre de l'huile – et non du vent, comme on entend dire trop souvent –, ce lubrifiant qui fluidifie les relations entre les hommes.

En entreprise, l'âge de raison se termine quasiment toujours par la bureaucratisation. Il est intéressant de constater que les conséquences de la sous-organisation sont exactement les mêmes que celles de la sur-organisation : dans les deux cas, on assiste à la stérilisation des énergies. Dans le premier cas, c'est l'absence d'organisation qui provoque une formidable déperdition d'énergie ; dans le second, c'est sa lourdeur qui devient paralysante. Le poids des règles devient excessif. Vouloir les transgresser, c'est se mettre en danger.

C'est ainsi que le syndrome du renoncement entre dans les têtes.

▸ Prémices de la révolte

En général, à cette étape, les résultats commencent à baisser. C'est souvent le seul signal qu'une entreprise est capable de décoder pour entreprendre une réforme.

Au nom du bon sens, on s'élève contre ce qu'il y a de trop absolu, de trop rigide, de trop rationnel dans l'organisation. Cette réaction est beaucoup moins violente que la première, parce qu'ici l'on ne conteste ni la nécessité ni l'utilité de l'organisation mais son degré souhaitable.

Cette lutte est souvent menée par les chefs qui posent en réalité le problème de leur propre autonomie, indépendance et liberté d'action. Leur problème réside dans le fait qu'ils sont tenus pour responsables des résultats mais ont le sentiment de n'avoir aucune liberté pour influencer les facteurs de ces résultats : les investissements, la publicité, les prix de vente, la gamme, les embauches, etc. Ces facteurs sont décidés par des spécialistes.

La théorie voudrait que les services fonctionnels se trouvent dans une position de conseil et de support et que les services opérationnels soient les détenteurs du pouvoir, mais la pratique est toujours différente. Il y a dans la distinction entre services fonctionnels et services opérationnels, quelque chose d'hypocrite, de faussé à la base, que la réalité ne manque jamais de laisser remonter à la surface.

La scission entre les fonctionnels et les opérationnels est inévitable en raison des différences sociologiques entre ces deux types de cadres. L'encadrement organique est souvent assez artisanal parce qu'il sort du peuple et s'est structuré autour de la connaissance du métier. L'encadrement fonctionnel est par contre souvent d'origine bourgeoise et très diplômé (écoles d'ingénieur, écoles de commerce, économistes, sociologues, etc.)[1]

Les conflits prennent racine sur ces différences sociologiques, entre des fonctionnels sortant de grandes écoles et les organiques. Ces derniers se sentent frustrés : chacun a progressé de lui-même, d'un certain savoir-faire artisanal et brusquement d'autres, qui ne connaissent même pas le métier, viennent leur donner des leçons. Le dialogue est malaisé. Le problème ne sera résolu que lorsqu'il y aura eu des promotions de part et d'autre, quand une nouvelle catégorie de cadres se sera reconstituée et que l'on retrouvera, de chaque côté, des personnes issues de chaque groupe sociologique. Cela demande du temps.

▸ La fin de l'âge de l'organisation

L'entreprise est devenue trop coûteuse, trop lourde à diriger ; commence à émerger l'idée d'un découpage en unités plus légères, plus pilotables. Dans la vie de cette entreprise, se pose sérieusement la question de la décentralisation :

- Sur quelle base faut-il décentraliser ?
- Comment décentraliser ?
- Quel doit être le degré d'autonomie des unités ?

---

1. Ce cas de figure est assez finement illustré dans le film « Le goût des autres » (Jaoui, 2000) par le personnage du chef d'entreprise provincial, joué par Jean-Pierre Bacri, et de son jeune adjoint, énarque.

- Quelles sont les décisions à retenir au niveau du quartier général, comité de direction, grands services fonctionnels ?

Le choix des critères de décentralisation (gamme, produit, zone géographique, fonction…) est une décision primordiale qui conditionne la survie et le développement de l'entreprise. Si vous n'avez pas d'abord clarifié et centralisé, il n'est pas possible de décentraliser.

Cette nécessité de repenser l'organisation s'accompagne d'une remise en cause des habitudes de travail, ce qui est extrêmement difficile car il ne suffit pas d'être convaincu d'une chose pour réussir à la faire.

Le retour à l'essentiel

La troisième ère, dans la vie de l'entreprise, est l'âge du retour à l'essentiel. Les hommes comprennent que l'organisation est un domaine infini et décident de « réessentialiser » autour de quelques grands axes. Deux démarches sont généralement à l'ordre du jour : la prise d'initiative et la suppression du superflu.

▸ Faire preuve d'esprit d'initiative

La prise d'initiatives consiste à lancer des idées nouvelles, tout en restant conscient que chacune d'elle a une durée de vie courte puisque l'organisation bureaucratique a, par nature, vocation à tuer les idées novatrices.

L'organisation est épuisante pour l'esprit d'initiative. Seule la direction générale peut sauver l'initiative, en pesant de son poids sur un projet pour qu'il se réalise.

Tel est le rôle du directeur général : permettre la prise d'initiative, éviter l'étouffement des idées par l'organisation.

▸ Éliminer le superflu

À l'âge bureaucratique, l'entreprise mange sans éliminer. Elle engendre du gras qui ne se résorbe pas.

Chacun est sentimentalement attaché à ce qu'il a produit en matière organisationnelle et trouve de bonnes raisons de ne pas éliminer ses déchets. L'entreprise est constipée. Lorsque beaucoup de choses superflues existent et que, culture d'entreprise oblige, personne n'ose rien dire, il revient à la direction générale d'éliminer l'inutile, au besoin avec une hache. Parce que cette tâche n'est pas évidente pour ceux qui sont dans le système, c'est souvent à la faveur d'un changement de management que peut s'opérer la suppression de l'inutile. Cette cure de santé périodique doit être faite par la direction générale qui, seule, peut décider d'éliminer telle activité, tel magasin, telle fonction. Cela se fait rarement sans douleur ; mais comme l'a bien dit Machiavel, quand c'est nécessaire, mieux vaut le faire vite et fort.

Durant cette phase, toute la difficulté réside dans la détermination de la frontière entre l'élimination de l'inutile et l'encouragement de la prise d'initiative.

▸ Changement de dirigeant

Le début du retour à l'essentiel est souvent marqué par un changement de dirigeant. Il lui faut remettre l'entreprise sur de bons rails. Il a l'avantage d'avoir un œil neuf ; il n'est pas encombré par le poids du passé ; il n'est compromis avec personne et il a le feu vert des actionnaires. C'est le signal d'un nouveau départ. Le dirigeant veillera cependant à insuffler le vent du changement, en s'appuyant intelligemment sur le passé. Si ce dernier ne mérite nulle complaisance, il doit inspirer le respect, car sans lui, il n'y aurait pas d'entreprise.

L'amour de l'organisation

Attention, cependant, le danger guette toujours. En entreprise, il n'y a pas de but, il n'y a qu'un chemin, toujours à retracer. Les systèmes vivants sont cycliques et il faut compter avec la passion des hommes pour les organisations.

Nous devons apprendre à considérer les techniques et les systèmes d'organisation comme des machines qui ne rapportent pas mais qui coûtent, qui ont une valeur tout à fait relative, plutôt que de nous y attacher et de nous identifier à un système d'organisation.

La tâche n'est pas évidente puisqu'elle suppose une conception détachée de l'organisation, une capacité à considérer la structure comme relative et, plus encore, à prendre ses distances avec les avantages provisoires qu'elle nous procure. En effet, accepter le passage d'un mode d'organisation à un autre, c'est accepter par anticipation que les avantages issus de l'organisation sont provisoires et susceptibles d'être lâchés.

12

Intelligence de la relation : radiographie d'une entreprise

Doublet SA : l'antimodèle

Les notions concernant l'intelligence de la relation mises en évidence dans ce livre sont utilisées depuis longtemps par l'entreprise Doublet SA, près de Lille, dirigée depuis près de trente ans par Luc Doublet.

L'entreprise Doublet est leader mondial sur les marchés du drapeau et de la barrière de protection, deux marchés associés aux événements. Le succès de Doublet SA, entreprise de taille moyenne, est fondé sur une intégration complète de l'information – disponible pour tous dans un ordinateur central – de la commande du client à la livraison en passant par toutes les étapes de la production. Chez Doublet, on sait livrer à Paris l'après-midi un drapeau commandé le matin. Quand on se situe sur le marché des événements, un tel savoir-faire devient un avantage concurrentiel déterminant.

Ce chapitre, qui analyse la façon dont certaines idées de ce livre sont appliquées dans une entreprise, est sans valeur normative : il ne prétend pas dire que c'est ainsi et seulement ainsi qu'il faut s'y prendre. Son seul objet est pédagogique : montrer que de l'idée à la pratique, il est un chemin que chacun franchit à son rythme.

Résistance au changement et changement de résistance

Quand il a fallu mettre des robots dans l'atelier il y a trente ans, Luc Doublet s'est adressé au directeur de l'atelier en lui disant qu'il le considérait comme un homme moderne, sensible au progrès, et qui ne pouvait qu'envisager favorablement l'installation de robots. Ce discours plaçait le directeur de l'atelier face à une double contrainte. Soit il conservait ses habitudes et contredisait le discours valorisant tenu à son sujet, soit il confirmait ce discours mais renonçait à ses habitudes. Entre ces deux contraintes, il a choisi la plus valorisante. C'est ainsi que les contraintes deviennent motrices.

Luc Doublet se donne pour objectif que les changements soient induits par le personnel, quitte à ce que lui-même, le patron, apparaisse comme le principal facteur de résistance au changement. Il souhaite que chaque changement devienne la propriété d'un homme ou d'un groupe. L'entreprise ne fait qu'accompagner ce mouvement.

Au lieu de travailler sur le changement, ce qui suscite nécessairement de la résistance, Luc Doublet travaille directement sur la résistance au changement. Au-delà de l'objectif direct – en l'occurrence, un nouveau robot – il vise l'appropriation du changement.

Pour cette raison, les prises de décision ne sont jamais formelles chez Doublet : pas de réunions rituelles aux participants soigneusement sélectionnés qui s'enferment un long moment pour « prendre une décision ». Persuadé que la formalisation d'une décision accroît la résistance qu'elle rencontrera, Luc Doublet favorise la prise de décision rapide – et apparemment légère – dans l'escalier. Nous dirions volontiers « entre deux portes » s'il y avait des portes dans l'entreprise. Mais il n'y en a pas. « *Quand on fait des réunions formelles, ça ne marche jamais* » constate Luc Doublet.

Lorsqu'on gère l'événement – c'est le cas pour un fabricant de drapeaux – la capacité de décider en une minute devient un atout. Ces pratiques sont les signes d'une culture plus profonde : « *Quand on n'a pas bougé les meubles depuis six mois, c'est que ça va mal* ». Convaincu que l'immobilisme est une forme de mort, le dirigeant compte sur l'appropriation du changement par le personnel pour alimenter le moteur. Il ne reste plus à Luc Doublet qu'à allumer la mèche de temps à autre.

Quelle chance, des contraintes !

Ces dernières années, les entreprises ont été confrontées à une augmentation des contraintes : pression sur les prix, augmentation des standards de qualité, exigences plus grandes des clients, réduction des délais de livraison et de réponse, durcissement de la législation et des normes, etc. Se souvenant qu'il n'y a pas de liberté sans contraintes, certaines entreprises les ont délibérément utilisées pour augmenter leur seuil d'instabilité.

En effet, une augmentation des contraintes pesant sur une entreprise ou un individu produit deux types de réactions : l'échec et l'abandon d'une part – la contrainte a franchi le seuil d'instabilité – ou l'élévation du seuil d'instabilité.

Psychologiquement, ces réactions contribuent à structurer un être. Si c'est l'échec qui prévaut, une autodévalorisation s'installe : il y a perte de confiance en soi. Au contraire, si le seuil d'instabilité s'élève, l'individu ou l'entreprise prennent conscience de l'augmentation de leurs capacités : l'être en sort grandi.

Autrement dit, toute nouvelle contrainte est une opportunité pour grandir.

La question qui se pose au dirigeant est alors de connaître les facteurs qui déterminent l'orientation vers le bas ou vers le haut, vers les échecs en série ou vers l'augmentation des capacités de l'entreprise. « Cela dépend-il de moi? se demande le chef d'entreprise. Si oui, ne devrais-je pas reconnaître dans cette question le cœur de ma fonction? »

Chez Doublet, les contraintes sont considérables. Contrainte externe : il faut savoir livrer très vite, car c'est souvent à la dernière minute que les clients s'aperçoivent qu'ils ont oublié de commander le drapeau. Contrainte interne : Doublet SA ne dit jamais non à un client. « Impossible n'est pas Doublet », dit-on dans l'entreprise, utilisant ainsi la capacité des petites phrases à créer et propager une culture, en veillant à ce que ces phrases reflètent la réalité et ne soient pas mensongères.

Si l'entreprise se contente de dire qu'il faut réagir vite pour satisfaire le client, cela ne produit rien. Tout le monde le sait déjà puisque c'est évident. Il faut que chacun ait les moyens de réagir de façon adaptée. Sinon, c'est comme si la pression du temps n'existait pas. Elle ne doit pas être un discours mais un fait. Luc Doublet a donc conçu un système d'information qui a fait école dans d'autres entreprises. Tout courrier est scanné et disponible dans l'ordinateur central. Ainsi, la feuille de papier qui matérialise la lettre reçue se retrouve dans la corbeille à papiers une demi-heure après son arrivée dans l'entreprise. Les devis, les commandes, les états d'avancement de la commande demi-journée par demi-journée sont saisis dans l'ordinateur. Depuis son poste de travail chacun peut répondre instantanément à n'importe quelle question d'un client. « La valeur ajoutée, c'est la différence entre ce qui est complexe pour le client et ce qui est compliqué pour le fournisseur », indique Luc Doublet.

La contrainte « temps » est devenue motrice, élevant le seuil d'instabilité de l'entreprise. Le problème n'est pas seulement d'être motivé pour servir vite ses clients (dans la plupart des entreprises, on est de bonne volonté vis-à-vis du client); il s'agit de disposer des moyens physiques de répondre à la demande.

Le système pourrait cependant rencontrer une limite : être performant, c'est fatigant. Le succès, ce grand menteur, pourrait inciter l'entreprise à desserrer l'étau des contraintes. Luc Doublet pense qu'il est bien sûr fatigant de se montrer toujours performant mais qu'il est plus fatigant encore de ne rien faire. Ce qui donne de l'énergie aux hommes, c'est se sentir partie prenante de ce qui se passe autour d'eux. C'est pourquoi à l'information totale est adjointe une autonomie aussi grande que possible. Il faut que chacun puisse prendre instantanément les décisions qu'imposent les informations qu'il reçoit. Se sentant facteur moteur de ce qui se passe, chacun puise dans l'action plus d'énergie qu'il ne lui en donne.

Cette autonomie comporte un effet pervers. Certains estiment mal leurs limites. Ils prennent seuls des décisions qu'ils ne devraient pas prendre. Chez Doublet, les principales catastrophes ne viennent pas du manque d'initiative mais bien au contraire de trop d'initiatives :

des personnes essaient de faire ce qu'elles ne savent pas faire. Où mettre les limites?

Pour Luc Doublet, la seule chose à faire est de s'accommoder de ce type de catastrophes. Elles ont un coût mais on peut penser que ce coût est moindre que le gain engendré par le fonctionnement autonome des collaborateurs. Le solde est positif. Luc Doublet préfère prendre ce risque plutôt que de limiter l'autonomie des équipes.

L'autonomie ne peut être conditionnelle; elle ne se divise pas.

Adapter ses réponses à l'environnement

Au chapitre 4, nous avons vu que la réponse spontanée à l'événement est inadaptée, seule la réponse résultant d'un apprentissage est adaptée.

La tendance à fournir à l'environnement des réponses non adaptées plutôt qu'adaptées s'observe chez Doublet comme ailleurs. On a, par exemple, conçu des tribunes télescopiques dont l'entreprise était fière. Malheureusement, ces tribunes étaient trop sophistiquées par rapport à la demande des clients.

Pour Luc Doublet, son avance sur ses concurrents ne tient pas à une plus grande proportion de réponses adaptées que chez les autres. Elle viendrait plutôt d'une faculté à s'apercevoir plus rapidement que les autres qu'une réponse est inadaptée, grâce au système d'information. En résumé : « *On ne fait pas moins d'erreurs que les autres, on s'aperçoit plus vite que nos erreurs en sont.* »

Manier subtilement le groupe d'accueil

L'entreprise Doublet constitue un groupe d'accueil fort au sens affectif du terme. Doublet SA est un clan.

Tous les gens se connaissent, souhaitent que l'on embauche les membres de leur famille, etc.

Cette sensation d'appartenir à un groupe d'accueil s'appuie sur des éléments culturels importants qui sont autant de facteurs symboliques différenciant Doublet des autres entreprises. L'architecture d'abord. Doublet SA loge dans une pyramide ouverte conçue par son patron. Quatre niveaux, pas de lieu clos, des bureaux paysagers avec des postes de travail interchangeables. Chacun se constitue son espace de travail. Dès qu'on entre, on sait qu'on n'est pas dans n'importe quelle entreprise mais chez Doublet SA. Cette identité particulière est d'ailleurs renforcée et cultivée : les tableaux assez particuliers qui vous agressent quand vous passez dans l'escalier, l'art nègre dans le bureau du patron, lieu toujours vide dont la dimension est purement symbolique et la valeur fonctionnelle nulle.

Deuxième point d'ancrage d'une culture forte : la personnalité du dirigeant. Orateur volontiers provocateur dans les cercles patronaux, Luc Doublet accommode à merveille les deux ingrédients qui assurent la visibilité médiatique : trois doses de réussite, deux verres de propos iconoclastes. La médiatisation renforce le sentiment d'appartenir à une tribu particulière.

Pour éviter que la léthargie ne se saisisse du clan, Luc Doublet considère que son rôle est d'inquiéter ce groupe d'accueil. « *Le patron c'est la mouche du coche, celui qui met de l'ordre quand c'est la pagaille et qui met la pagaille quand ça va bien.* »

L'apprentissage du positif

L'entreprise Doublet est en fait dirigée par Monsieur et Madame Doublet. À propos des conflits qui ponctuent la vie de toute entreprise comme de tout groupe humain, Luc Doublet avoue avoir beaucoup appris en travaillant avec son épouse. Ce qu'il résume en une formule : « Les femmes ne peuvent pas ne pas accoucher. » Autrement dit, il faut que ça sorte.

Chez Doublet, on lave son linge sale en famille, comme partout ailleurs, mais surtout on le lave vite et clairement. On réunit les collaborateurs en conflit et on leur demande de trouver une solution dans l'intérêt du client.

Condition pour obtenir ce résultat : s'intéresser au comment plutôt qu'au pourquoi. Le pourquoi concerne les gens; le comment concerne le système. Les protagonistes d'un conflit doivent rechercher ensemble *comment* ils vont faire en sorte que le client ne souffre pas de leurs différends. Le *pourquoi* de leur éventuelle antipathie mutuelle ne regarde pas l'entreprise.

Celui qui trouve la solution, le comment, prend le pouvoir sur l'autre. Les pouvoirs réels viennent ainsi se substituer aux pouvoirs formels.

L'humour analogique

« Un monsieur est mort en buvant du lait?
La vache s'est assise. »

Il paraît que cette blague ne fait pas rire tout le monde. C'est de l'humour analogique. Par opposition à l'humour logique que tout le monde comprend. Le fonctionnement de Doublet SA est analogique, il est fondé sur la créativité. Pour s'adapter à ce fonctionnement, il faut avoir une pensée analogique. Le système d'information de Doublet SA est didactique, le fonctionnement des personnes est analogique. Celles qui n'ont pas ce type de fonctionnement n'ont jamais pu s'adapter dans cette entreprise. Quand Luc Doublet veut pousser la provocation, il prétend qu'il n'embauche que des gens qui aiment le chocolat. Soit. Les scientifiques ont découvert que le goût pour le sucré correspond à un certain type de tempérament. Au-delà de l'anecdote qui constitue une bonne provocation pour un auditoire conformiste, retenons que cette culture axée sur la créativité correspond à la volonté d'appliquer la créativité à la gestion.

Comme l'industrie suppose aussi de produire en masse, il faut faire gérer la créativité par l'homme et l'effet de masse par l'ordinateur. La performance actuelle et future des techniques de l'information donne une chance nouvelle aux entreprises du type de Doublet SA.

Il est permis de penser qu'une association particulière entre système d'information et créativité a permis aux entreprises françaises de faire jeu égal avec les autres, en dépit de contraintes plus fortes. On regarde souvent la performance des entreprises sans se pencher sur les contraintes qui pèsent sur elles. Imaginons que nos deux entreprises automobiles nationales aient les taux d'intérêt du Japon, les charges sociales du Japon, les coûts salariaux du Japon, le code du travail du Japon, les salariés jamais en grève du Japon, les congés payés du Japon, etc. Les constructeurs automobiles du Japon ou des États-Unis pourraient-ils leur résister ? Non bien sûr. Peugeot et Renault possèdent donc bien des atouts spécifiques qui leur permettent de surmonter un surcroît de contraintes.

Le système Doublet, sans être un modèle, pose-t-il les jalons de ce que pourrait être un management à la française ?

Le moulin à café et la modernité

Récit de Luc Doublet :

« Enfant, je me souviens de la fatigue dont ma grand-mère était atteinte dès qu'elle envisageait d'avoir à moudre le café. Habitués par nos parents à un modernisme ménager de bon aloi, nous lui achetâmes un moulin électrique, dont elle ne se servit jamais.

« Interrogeant bien des années plus tard ma grand-mère, elle m'avoua, après quelques réponses dilatoires, que le moment où elle moulinait son café était le seul moment de la journée où elle s'asseyait tranquille pour goûter un peu de repos. Ma grand-mère m'a ainsi appris à me méfier des apparences.

« Il ne sert à rien d'offrir des moulins à café à celui dont le schéma mental n'est pas prêt à les accepter.

« La clé du monde complexe appartient à ceux qui verront la serrure. Pour les autres la porte restera fermée. »

13

Et maintenant… quelques idées simples pour écœurer vos collaborateurs

De quoi parle-t-on ?

Comme nous l'avons évoqué au chapitre 7, la non-motivation n'existe pas. Motivation… vous avez dit motivation. Le terme ressemble à une tarte à la crème : systèmes de motivation, démotivation, re-motivation, axe motivationnel, politique de motivation…

En entreprise – mais également dans les milieux sportifs, journalistiques, politiques et associatifs – il semble que tout soit affaire de motivation : le skieur déclare qu'il gagne quand il est motivé; le médecin affirme soigner plus facilement les patients motivés par le traitement; le responsable d'association humanitaire précise qu'il est motivé par la cause des sans domicile fixe; pour faire repartir la consommation, le chef du gouvernement en appelle à la motivation des Français.

Mais que signifie le terme « motivation »?

Il désigne l'ensemble des facteurs – conscients ou inconscients – qui incitent à agir de telle ou telle façon.

Lorsqu'une loco*motive* ne fonctionne pas, c'est que plus rien ne motive les wagons. En clair : s'il y a mouvement, il y a motivation et, s'il n'y a pas mouvement, il n'y a pas motivation. Nous parlons bien sûr d'une locomotive car pour l'homme, le mécanisme est un peu plus compliqué.

En effet, lorsqu'il y a grève des cheminots, force est de constater que s'il n'y a pas *motivation* des trains, il y a motivation des hommes. Ceux-ci bloquent l'économie, défilent, prennent d'assaut les journaux télévisés de 20 heures, mobilisent l'attention du pays et font réfléchir – et parfois fléchir – le gouvernement.

On peut donc dire que lorsque l'homme refuse d'avancer sur la voie tracée par l'entreprise, ce refus correspond à une motivation.

Conclusion numéro 1 : il suffit de casser un essieu pour bloquer le mouvement de la locomotive. Conclusion numéro 2 : chez l'homme, les choses sont plus complexes car l'homme est naturellement motivé.

Pourquoi est-il si difficile de démotiver?

La réponse est simple : tout homme est par nature porté à éprouver du plaisir lorsqu'il fait ce qui lui plaît. Comme les hommes ne sont généralement pas masochistes, ils s'arrangent pour trouver une activité professionnelle qui leur plaît. Mieux, si un homme exerce une activité professionnelle qu'il a choisie à l'origine pour des motifs alimentaires, il aura une tendance naturelle à recherchder d'autres intérêts à l'exercice de son activité. Tout se passe donc comme si l'homme voulait être motivé, comme s'il voulait par nature faciliter le mouvement qui le porte à croire, à faire, à dire et à penser quelque chose.

C'est d'ailleurs le pari de cet ouvrage : aider les managers et les managés à mieux appréhender la source de leur motivation respective pour mieux « fonctionner » ensemble. Mais il se peut que certains responsables d'entreprises imaginent qu'un tel objectif relève de l'utopie consommatrice de temps. Utopie, peut-être? Consommatrice de temps? Pas sûr. Car c'est bien souvent la démotivation et non la motivation qui suppose un effort d'envergure.

À ceux qui voudraient casser les essieux de leurs locomotives, nous livrons ci-après quelques recettes leur garantissant que les choses changeront... en pire.

Leçon 1 : restons stratégiques, c'est plus chic

Il incombe au chef d'entreprise de définir la stratégie et de l'incarner dans sa propre conduite. Personne n'en conteste la nécessité : rares sont les entités économiques qui survivent sans un minimum de réflexion. Mais au-delà de cette utilité globale, la stratégie peut également être un moyen privilégié de démotivation des hommes.

Comment faire? Partons de la vision traditionnelle de l'entreprise vue comme une pyramide à trois étages : à la base, large et peuplée, se trouvent les opérationnels; au milieu, en nombre plus restreint, l'encadrement; en haut quelques rares élus constituent la direction. On admet généralement qu'à ces étages correspondent des types de préoccupation : les opérationnels sont dans le champ opérationnel, l'encadrement dans le champ organisationnel et la direction dans le champ stratégique.

Pour démotiver efficacement ses collaborateurs, la direction doit maintenir le sectionnement de la pyramide en trois étages étanches et veiller à ne pas s'immiscer dans les champs organisationnel et opérationnel. Par exemple, lors des grands-messes, la direction délivrera un message global, général, abstrait, macro-économique. Elle évitera tout ce qui parle aux gens, tout ce qui concerne véritablement la pratique au quotidien, ce qui rappelle trop brutalement la spécificité de l'entreprise, « tout ce qui fait encadrement » et, a fortiori, « tout ce qui fait opérationnel ».

De retour des grands-messes, il faut maintenir le cap. Pour ne pas franchir cette ligne Maginot qui le sépare de son encadrement, le dirigeant devra s'abstenir de paroles et d'actes qui tendent à expliquer à ses collaborateurs comment ils peuvent concrètement mettre en place les axes stratégiques choisis.

Ce simple exercice permet d'amorcer la démotivation puisque l'on sait par expérience que jamais un énoncé stratégique n'a produit d'effet durable si l'organisation et les mentalités n'ont pas été préparées et accompagnées.

Si le troisième étage de la pyramide fait bien son travail, les discours resteront donc à l'état de discours. L'abstraction permettra à la direction de remplir son rôle de producteur d'énoncés stratégiques et laissera l'encadrement dépourvu de toute possibilité de traduire dans les faits les grands choix émis par le *top management*.

Que va-t-il se passer ? Vidé d'une partie de son sens, le deuxième étage de la pyramide entamera un processus de démotivation : les pharaons intermédiaires basculeront peu à peu dans le dépit, état d'esprit indispensable à la démotivation.

L'abstraction permet de favoriser, sinon d'initier, la schizophrénie de l'encadrement intermédiaire : « je me sens chef donc je suis proche du premier étage de la pyramide » mais « je ne comprends pas ce premier étage et je me sens donc proche de la base dont je suis d'ailleurs issu ». Si le sommet se cantonne scrupuleusement dans un discours stratégique, nul doute qu'à terme l'encadrement intermédiaire se retournera immanquablement contre ce sommet.

En plus de favoriser la démotivation, ce type de comportement a le mérite d'être « chic » : « Silence, le haut de la pyramide se préoccupe de choses abstraites et sérieuses ». Certes, pour les deux autres étages de la pyramide, c'est un peu moins chic mais, après tout, quant il en va de démotivation, il ne faut pas pousser l'esthétique trop loin.

Verbatim issus d'un audit mené dans une grande entreprise :

- « Il y a un manque d'implication de la direction : elle veut des grands changements mais elle ne se donne pas la peine de venir sur le terrain pour expliquer. Ça prouve qu'en fait elle se fiche de ce qu'elle dit. »
- « Il faudrait discuter plus franchement avec le grand patron et il faut que ça démarre par lui : il faut qu'il vienne voir les hommes à l'atelier, là où eux sont à l'aise, et pas dans le bureau, là où lui est à l'aise. »
- « L'état-major n'est pas présent : parfois, il n'est ni en réunion, ni sur les chantiers, ni dans ses bureaux. »
- « Il faudrait que les directeurs restent plus longtemps en place pour pouvoir s'investir et se pencher sur nos problèmes mais ils s'en fichent car pour eux c'est juste un tremplin. »

Bien mené, l'exercice « restons stratégiques » peut faire des disciples. En effet, l'encadrement intermédiaire ne demandera bientôt qu'à se laisser convaincre et faire de même. Du jour au lendemain, en général juste après une promotion hiérarchique qui le propulse « meneur d'hommes », le nouvel élu – jusque-là proche du terrain parce qu'issu de ce terrain – assimilera les tics du directeur : il s'enfermera dans son bureau, phosphorera sur un plan d'action à court, moyen ou long terme, méditera les ratios, fermera sa porte avant toute réunion, « des fois qu'on entende quelque chose »...

Pour mieux comprendre le succès d'une telle démultiplication, voici quelques *verbatim* issus du même audit et concernant cette fois-ci l'encadrement intermédiaire :

- « Mes chefs n'adhèrent pas à la stratégie : qualité et sécurité ne sont pas prioritaires pour eux. Alors, on continue comme avant. De toute façon, le patron ne vient jamais voir comment ça se passe. Il ne sait pas qu'on n'a rien changé. »
- « Moi, j'ai trois chefs directs qui viennent chacun me donner des ordres. Ça perturbe forcément. Avant, ils travaillaient tous les trois sur le terrain. Mais maintenant ils sont chefs, alors ils passent leur temps à donner des ordres. »
- « Il y a deux ans, la direction a ouvert les vannes et puis elle a tout refermé : ça a été une frustration. Le management a fait un petit aller-retour. Pendant quelques jours on a parlé de tout et puis ensuite on est revenu à la stratégie. »
- « Les chefs ont peur de parler des choses concrètes parce qu'ils ont tout fait pour ne plus s'en occuper. Alors, quand il y a un problème, personne n'ose dire qu'il faudrait faire autrement. On fait des réunions et on parle de généralités en disant à tout le monde qu'il

y a un problème alors qu'en fait ça ne concerne qu'une seule personne à qui les chefs ont peur de parler. »

On l'aura compris, la stratégie, apanage de la direction, est un allié précieux pour favoriser la démotivation. Mais pour poursuivre l'effort entrepris, il faudra également travailler sur le syndrome de Rodin.

Leçon 2 : le syndrome de Rodin, comment transformer le statut en statue

Comme tout groupe humain, l'entreprise a besoin de règles pour fonctionner. Parmi ces règles figure le statut accordé à – ou arraché par – certaines catégories de personnel. Le statut est un « outil » utile qui permet d'offrir des garanties réciproques à ceux qui en bénéficient et à ceux qui l'accordent. En effet, en déterminant la position d'une personne au sein du groupe, le statut stabilise cet individu. Ce faisant, il lui permet d'utiliser plus d'énergie au service de la collectivité au sein de laquelle il jouit du statut en question. Mais par-delà

Transformer le statut en statue

cette utilité fonctionnelle, le statut peut s'avérer être un moyen puissant de démotivation. Comment? En transformant le statut en statue.

Pour réussir dans cette voie, deux règles de base : organiser la prolifération statutaire; favoriser la gestuelle du chef.

1. Organiser la prolifération statutaire.

Pour être certain de démotiver par le statut, la direction ne doit pas être avare : elle doit s'attacher à créer une kyrielle d'échelons intermédiaires. Du point de vue technique, l'exercice ne présente aucune difficulté de mise en œuvre puisque les changements statutaires peuvent se limiter à un changement des cartes de visite. La logistique n'est pas lourde : tout est affaire de volonté.

L'objectif est simple : bâtir une entreprise fondée sur la transmission des ordres, fabriquer un organigramme qui donne à chacun un statut taillé sur mesure. Mais ce travail n'est pas à la portée de tous : il s'agit de haute couture et non de prêt-à-porter. En effet, chacun doit faire l'objet d'une attention particulière, non pour sa contribution à l'ensemble mais pour coller au costume hiérarchique qui lui sera taillé. Une fois effectué, ce travail nécessite un complément d'intelligence : il faut favoriser la gestuelle du chef.

2. Favoriser la gestuelle du chef

Dans une société de communication, le statut n'a de sens que s'il est accompagné d'une esthétique propre : il faut que chacun repère rapidement ce qui distingue le chef du sous-chef, le directeur du membre d'État-major, le responsable de l'agent de maîtrise, l'ouvrier du cadre, etc.

Pour permettre ce codage, le patron de l'entreprise doit aider les différents échelons hiérarchiques à fabriquer, puis véhiculer des signes distinctifs. La position hiérarchique intervenant un jour précis à une heure précise, il faut qu'elle soit accompagnée d'un changement d'attitudes tout aussi précis. Deux citations permettront de mieux comprendre l'objectif recherché. Elles émanent de « troupes » qui contemplent quotidiennement la gestuelle de leurs chefs :

- « Le contremaître, depuis qu'il a été nommé, il reste enfermé dans son bureau. »
- « Depuis que je suis contremaître, je sens bien qu'il faut que je mette une cravate et que je parle de plan à moyen terme : c'est pas une évolution positive. »

L'acquisition d'un statut se transforme rapidement en statue. Parce qu'il n'y pas de préparation à être chef, on concrétise sa progression en prenant des postures rassurantes : une majorité des chefs nouvellement promus refusent désormais d'aller sur le terrain et se réfugient dans leur bureau. Parallèlement, après des années de tenue vestimentaire identique – le bleu de travail – certain découvrent les charmes de la cravate. Dans l'entreprise concernée, l'exercice à été particulièrement réussi puisque seule une minorité d'« agents » s'est ouvertement déclarée non candidats aux responsabilités de management parce que non candidats à rester toute la journée au bureau. En dehors de ces quelques rétifs, toutes les troupes sont prêtes à rejoindre une position de chef. Inutile de préciser que les collaborateurs placés sous la responsabilité de ce type de chef seront très rapidement démotivées.

Un autre exemple nous est fourni par une grande banque qui a passé commande d'une centaine de lampes de bureau alors qu'elle en avait plus de 75 en stock. Question du candide : ne pourrait-on pas les utiliser? Réponse du donneur d'ordre interne : « non, les lampes qui sont en stock sont réservées aux échelons supérieurs ». Là encore, la gestuelle a frappé.

La direction générale de cette banque s'est totalement impliquée puisque c'est elle qui a validé la procédure d'achat établissant que les niveaux de qualité des mobiliers et fournitures devaient être aussi nombreux que les échelons hiérarchiques. Ce qui vaut pour les lampes s'applique également aux tableaux, bureaux, bibliothèques, chaises, tapis, etc.

La mayonnaise prend d'autant plus facilement que l'encadrement n'est pas préparé à être chef : incapables d'agir en responsables d'équipes ou de projets, les nouveaux chefs privilégient les signes extérieurs de leur nouveau statut. Leur satisfaction peut toutefois décliner assez rapidement. Ainsi, après avoir joué la carte du statut, les nouveaux chefs peuvent revenir en arrière : tout en conservant les privilèges acquis, ils vont se solidariser avec leurs anciens collègues et devenir le prototype du chef mou. Celui qui compatit aux problèmes de ses troupes, celui qui désavoue ses propres supérieurs hiérarchiques. En un mot : celui qui ne veut pas être chef et démotive ses troupes. C'est seulement à ce stade de l'exercice que la direction pourra être certaine d'avoir pleinement réussi.

Le statut peut donc s'avérer un outil précieux de démotivation. Encore faut-il poursuivre le travail par une politique de recrutement fondée sur un savant mélange de montagnards et de parachutés.

Leçon 3 : les parachutés et les montagnards

Recrutement externe et promotion interne constituent deux modes complémentaires de développement des compétences de l'entreprise. En effet, pour faire face à ses besoins, l'entreprise recourt parfois à un apport de sang neuf et parfois à une dynamisation par le sang interne. Combinés subtilement, ces deux modes peuvent devenir des moyens efficaces de démotivation des hommes.

Premier constat : dans nombre d'entreprises, il existe des individus qui sont le pur produit de la maison. On parle volontiers du « plus vieil ouvrier », de la « mémoire de l'entreprise », de celui qui a « l'ancienneté la plus éloquente ». Derrière les titulaires de ces records, il faut considérer l'ensemble des personnes qui doivent leur carrière à une lente progression interne. Marche après marche, échelon après échelon, ils ont patiemment gravi toutes les étapes de la hiérarchie interne. Parmi ces montagnards, on trouve des personnes de valeur : des individus qui se sont enrichis par leur pratique professionnelle, qui se sont façonnés méthodiquement, facette par facette, à la façon d'un diamant. Parmi les montagnards, il existe donc des femmes et des hommes fortement motivés, des premiers de cordées. Ce sont eux que les « démotivateurs » doivent cibler.

Deuxième constat : pour favoriser la démotivation, au lieu de former les montagnards et faire ainsi évoluer leurs compétences, on procède à des recrutements externes. Il s'agit de nominations que l'on pourrait qualifier d'hivernales dans la mesure où elles interviennent généralement à la période des neiges : les quatre derniers mois de l'année sont riches en recrutements externes.

Prenez les individus décrits dans le premier constat et confrontez-les aux individus décrits dans le second. Qu'obtenez-vous? Que se passe-t-il lorsque les montagnards de la promotion interne se trouvent confrontés aux parachutés du recrutement externe? *Réponse :* bien mélangé, cela provoque un condensé de démotivation.

Imaginez un individu qui s'est investi dans son travail durant de longues années, une personne qui a le sentiment d'avoir progressé personnellement et d'avoir contribué à faire progresser son entreprise. Allons encore plus loin : cette personne est persuadée que si elle a pu gravir les échelons, c'est que sa contribution a été utile à l'entreprise. L'individu en question a donc développé une mentalité de montagnard. En clair, il a l'impression de connaître les ingrédients de la promotion interne : un mélange de patience et de loyauté, de constance, de fidélité et de progrès personnel, concrétisé par l'ancienneté.

Opérez ensuite un recrutement externe et placez l'individu décrit précédemment sous la responsabilité directe du nouvel embauché. Inutile de préciser que l'expérience est encore plus probante lorsque le nouvel entrant est jeune, bardé de diplômes et provient d'un secteur relativement différent de celui de l'entreprise d'accueil…

Les parachutés et les montagnards

En tant que directeur, qu'avez-vous fait jusqu'ici de si original sinon de provoquer un face à face entre un montagnard et un parachuté ?

Ne soyez pas modeste : vous avez réalisé un bel ouvrage de démotivation. Le montagnard se retrouve du jour au lendemain privé de toutes les certitudes qu'il s'était forgées patiemment, avec le concours silencieux mais coopératif de l'entreprise. Privé de tout horizon interne, le voilà affublé d'un chef qui vient obscurcir ses objectifs de progression. Mais le montagnard est un individu coriace et il ne saurait renoncer au premier écueil. Aussi va-t-il chercher des solutions. En externe, évidemment, puisque l'horizon interne est bouché. Il va donc répondre à quelques annonces, se rendre à plusieurs entretiens de recrutement, éventuellement recourir au conseil d'un cabinet spécialisé en progression de carrière. Et notre montagnard va s'entendre répondre toujours la même chose : « Vous êtes trop cher ». Le montagnard est coriace mais réaliste : il va donc se plier à la règle du marché et rester à son poste. Seulement, il ne va plus adopter la même stratégie de progression lente : finie la période de patience et de loyauté, de constance et de fidélité. Aujourd'hui, le voilà énervé, absent, irritable ou indifférent. Lui qui ne pensait qu'à gravir, voilà qu'il se met à graviter.

Vous avez donc réussi le premier exercice : le recrutement externe a permis de briser le montagnard.

Mais vous avez peut-être réussi un deuxième exercice : si le montagnard y met suffisamment de mauvaise volonté, il pourrira l'atmosphère du service et le parachuté sera tôt ou tard également brisé.

Réussir une œuvre de cet acabit n'est pas à la portée de tous. Il s'agit d'orfèvrerie de la démotivation.

Maintenant que montagnards et parachutés se retrouvent perdus dans les sommets hivernaux, parachevez votre œuvre en mettant en place des contraintes inhibitrices.

Leçon 4 : le triptyque « sens, compétence, reconnaissance »

Certaines entreprises ont trouvé le moyen de favoriser les contraintes inhibitrices au détriment des contraintes motrices (voir chapitre 3). Cela nécessite une triple action : sur le sens, sur la reconnaissance et sur la compétence.

Pour bien comprendre l'enjeu de l'outil « contrainte », prenons une situation simple. Paul est employé dans une grande entreprise pharmaceutique. Son supérieur hiérarchique s'absente pour trois semaines de formation aux États-Unis et demande à Paul d'effectuer trois tâches pendant son absence : répertorier l'ensemble des imprimés utilisés par le service, mettre de l'ordre dans les archives du dépôt, pointer l'état des stocks. Le supérieur hiérarchique s'envole pour le Nouveau Monde, sans imaginer un seul instant qu'il vient d'actionner les trois leviers majeurs de la démotivation par la contrainte.

▸ 1. Le sens

Répertorier l'ensemble des imprimés utilisés par le service, telle est la première tâche demandée à Paul.

Ce dernier sait parfaitement que le plan d'informatisation en cours provoquera la disparition des imprimés. Il sait également qu'une société de conseil externe a récemment fait l'inventaire de l'ensemble des imprimés. Dans ces conditions, force est de reconnaître que Paul ne perçoit pas l'utilité de la tâche confiée. Pour lui, celle-ci ne semble pas avoir de sens. D'ailleurs, elle n'en a pas!

▸ 2. La reconnaissance

Mettre de l'ordre dans les archives du dépôt. Telle est la seconde tâche demandée à Paul.

Contrairement à la précédente, cette tâche a un sens évident : chacun fréquente les archives plusieurs fois par jour et peut constater que le désordre qui y règne fait perdre du temps dans les recherches. Paul le sait, il a mis de l'ordre dans les archives l'année dernière et il a immédiatement constaté un gain de temps considérable à chaque fréquentation de ce lieu. Bien que les fiches de postes du service précisent que chacun est censé ranger les archives, Paul a effectué seul ce travail, sans aucune aide. Il n'a ensuite jamais su si les autres avaient perçu l'utilité de ce travail, rendant plus commode la consultation des archives, puisque personne ne lui en a jamais parlé. Il a donc le sentiment que son travail n'a pas été reconnu à sa juste valeur. Il ne cherchait pas, pour une tâche comme celle-ci, à gagner des galons ou du « pognon » supplémentaires. Non, il pensait juste à un petit « merci ».

▸ 3. La compétence

Pointer l'état des stocks. Telle est la troisième tâche demandée à Paul.

Inutile ici de contester le sens de cette mission : le pointage des stocks fait partie des tâches obligatoires en fonction des procédures internes. Inutile également de se demander si cette tâche bénéficie de reconnaissance : celui qui opère le pointage rend un service évident à ses collègues qui le lui font généralement savoir. Paul n'a ni interrogation sur le sens de cette tâche ni sur la reconnaissance dont bénéficie son exécution. Non, Paul n'est tout simplement pas compétent pour effectuer cette mission. Il ne sait pas faire. On ne lui a pas appris.

À son retour de vacances, le supérieur hiérarchique constate que Paul a entamé chacune de ces trois tâches. Entamé seulement, car Paul n'a pas *pu* – c'est le terme qu'il utilise – aller plus loin. Colère immédiate de son responsable de service. Mutisme de Paul.

Le responsable de Paul ne devrait pas s'énerver car la situation est tout à fait positive : il a tout fait pour que Paul entame vaguement les trois tâches demandées. Et Paul s'est exécuté. Tout est donc parfait.

Résumons-nous : pour être certain de démotiver un collaborateur à travers l'outil de la contrainte, il faut veiller à lui demander d'effectuer périodiquement des tâches qui n'ont pas de sens, des tâches pour lesquelles il n'obtiendra pas de reconnaissance et des tâches pour lesquelles il n'est pas formé. En cherchant bien, on trouve facilement!

Et si ça s'arrêtait?

N'arrêtez jamais car un mal guette : la re-motivation!

Persévérez, persévérez et persévérez toujours, au besoin en inventant vous-même de nouveaux moyens. Vous voulez encore quelques suggestions? Vos consultants peuvent vous aider à démotiver vos troupes, votre politique d'expatriation le peut également, de même que l'utilisation des aides de l'État, votre politique de formation, la communication interne, et tout le reste. Soyez inventif : démotivez tous azimuts, il en restera toujours quelque chose. Et si vous ne vous en sentez pas capable ou qu'un doute vous saisit, reprenez la lecture de cet ouvrage au chapitre 1 et résignez-vous : il est décidément plus facile de motiver.

Conclusion

L'apprentissage en management est-il possible ?

Cette question peut paraître saugrenue tant le nombre d'écoles et de cycles de perfectionnement aux affaires est important. Pourtant il s'agit d'une question utile.

Au début de ce livre, pour illustrer le phénomène des mutations lentes, nous avons fait appel aux grenouilles. C'est encore une expérience animalière qui va nous permettre d'approcher la réponse à notre question.

Dès leur naissance, deux chatons sont placés dans l'obscurité. Leur apprentissage de la vision se fait sous des conditions très précises. Durant trois mois, à raison de quatre fois par jour, les chatons sortent de l'obscurité pour être placés l'un et l'autre de part et d'autre d'un tourniquet, dans un cylindre posé à plat. L'un des deux chatons est harnaché : en trottant il fait tourner le tourniquet, comme le faisait l'esclave qui faisait rouler la grosse pierre sur la meule pour moudre le grain. Le second chaton se trouve à l'autre extrémité du tourniquet, confortablement mais fermement installé dans un panier qui lui interdit tout mouvement. À chaque expérience, la décoration intérieure du cylindre est modifiée pour que les chatons évoluent dans un environnement visuel changeant. Au bout de trois mois, les chatons sont libérés et peuvent se mouvoir dans la lumière à leur guise.

L'un des deux chatons, content d'être libre, a un comportement normal. L'autre se comporte comme s'il était aveugle. Il se heurte aux pieds de chaise, tombe de la table, passe sans broncher à côté d'une pelote de laine.

L'un des deux chatons n'a pas appris à voir. Pourtant l'un et l'autre ont été plongés dès leur naissance dans le même environnement visuel.

De quel chaton s'agit-t-il ?

Vous vous en doutez, il s'agit de celui qui était immobilisé dans son panier. Il se comporte exactement comme s'il était aveugle. Pourtant, son système neuro-optique est normal. Il peut voir mais n'a pas appris à voir. Il est donc comme aveugle. Cette expérience illustre bien la complexité des processus d'apprentissage.

Le seul stimulus visuel ne suffit pas à apprendre à voir : pour se former, il faut être acteur. Nous n'irons pas jusqu'à dire que les muscles de la plante des pieds et l'hyperventilation due à l'effort sont indispensables pour apprendre à voir mais, après tout, il n'est pas interdit de poser des questions, fussent-elles à première vue saugrenues.

Et si, au lieu de répéter des schémas acquis, on se posait parfois la question : si on le faisait autrement ? Se dire qu'un problème est probablement lié à un mauvais calcul de la relation, c'est franchir un pas vers la possibilité de faire autrement.

Une maman dit à son enfant : « Ne mets pas tes coudes sur la table, cela fait cent fois que je te le dis. » Bien entendu le gamin continue. Que fait la mère ? Elle répète inlassablement le même message, cent une fois, cent deux fois, cent trois fois..., sans jamais se poser la question : « Si je le disais autrement ? »[1].

Tous les managers ont une fois dans leur vie été aussi aveugles que cette maman-là.

D'entrée de jeu, nous avons dit que ce livre était né d'un constat : c'est avant tout la qualité de la relation construite entre deux hommes qui conditionne l'avenir de leur projet.

Cet ouvrage a donc été conçu pour aider les hommes et les entreprises à améliorer la gestion des relations entre eux et les événements.

Nous avons évoqué une enquête, menée par l'université de Yale, selon laquelle les acteurs dans les organisations consacrent en moyenne 50 % de leur temps à résoudre des problèmes liés à un mauvais calcul de la relation. C'est une moyenne, et plus on grimpe dans la pyramide hiérarchique, plus ce temps est élevé.

Puisse cet ouvrage aider les managers à progresser vers une intelligence relationnelle qui leur permette de réduire la part du temps dévolu à la gestion de problèmes relationnels. Bien évidemment, cette évolution ne se décrète pas. Il s'agit d'une prise de conscience, d'une volonté, d'un chemin. L'objectif : aller vers un temps à 100 % productif.

Pour franchir un cap dans cette voie, nous avons voulu résumer sous forme de « cahier des charges du

1. Voir l'ouvrage de D. Donovan et D. McIntyre, *Qu'est-ce que je viens de te dire !?!*, InterEditions, Paris, 2001.

manager de demain » les tendances que nous avons identifiées au cours de notre propos.

À notre sens, le cadre dirigeant de l'entreprise intelligente de demain développera dans ses actions quotidiennes trois qualités essentielles : premièrement, savoir gérer les interfaces relationnelles entre les compétences, deuxièmement, fournir du sens et, troisièmement, savoir avancer dans l'incertitude et apprendre en faisant.

Savoir gérer les interfaces relationnelles entre les compétences

Les entreprises produisent selon des modes de plus en plus complexes, nécessitant davantage de compétences, qu'elles sont amenées à aller plus fréquemment chercher en externe.

Par ailleurs, la régulation hiérarchique fondée sur la transmission des ordres fonctionne mal : l'homme fournit un travail efficace lorsqu'il a envie de bien faire.

Plus que jamais, le manager doit gérer les interfaces relationnelles. Il est d'ailleurs payé pour ça. Il lui appartient de repérer les qualités présentes chez un individu, de les développer, de les coordonner avec les qualités d'autrui. En matière de recrutement, on assiste depuis plusieurs années à ce que l'on appelle une ascension de la zone de choix : le fort niveau de compétences reste un critère déterminant mais les candidats doivent disposer également de fortes qualités relationnelles. Le fonctionnement en groupe de projet exige que les managers sachent gérer les interfaces entre individus.

Fournir du sens

Dans un monde de plus en plus rapide, caractérisé par le changement, c'est le sens qui permet d'élever le seuil d'instabilité des hommes et, partant, leur capacité à gérer les contraintes issues de cet environnement.

La question du sens est d'autant plus actuelle que le travail subit une mutation profonde : il demande de moins en moins d'énergie et de plus en plus d'intelligence relationnelle.

Les techniques de gestion qui avaient placé la logique comme mode de management s'effacent au profit d'un management par le sens. Le manager doit toujours savoir élaborer le plan de développement de l'entreprise mais il doit, de surcroît, fournir du sens aux actions de ses collaborateurs.

Que chacun dans l'organisation soit en permanence capable de répondre à la question bête et méchante : « À quoi sert ce que je fais ? »

Méditons cette phrase riche de sens : la bureaucratie s'installe quand les employés ne savent plus pourquoi ils sont là.

Savoir avancer dans l'incertitude et apprendre en faisant

Dans un monde stable, les managers ont le temps de regarder, d'analyser, de conclure puis de communiquer.

Aujourd'hui, l'environnement est caractérisé par les ruptures et les discontinuités. Les choses changent dès qu'on est passé à l'action. Le manager a moins de temps pour regarder le monde : il doit apprendre en faisant. Il doit accepter d'avancer avec un degré d'incertitude important. Il doit vivre avec le fait que l'incertitude diminue davantage lorsqu'il agit que lorsqu'il étudie et analyse avant d'agir.

Pour conduire ce processus incertain, le manager doit savoir animer les réseaux de compétences qui l'entourent.

Le manager qui aura pris conscience de ces trois enjeux possède une longueur d'avance sur les autres.

Quant au manager qui commence à maîtriser ces qualités, il a déjà deux longueurs d'avance.

L'entreprise fondée sur la transmission des ordres doit céder la place à une entreprise fondée sur l'adéquation des compétences.

Bibliographie

BAK Jolanta, *La Société mosaïque*, Dunod, 2007.

BALANDIER Georges, *Le Dédale : pour en finir avec le XXe siècle*, Fayard, 1994.

BATESON Gregory, *Vers une écologie de l'esprit*, tome I, Le Seuil, 1977.

BATESON Gregory, *Colloque de Cerisy : premier état d'un héritage* (sous la direction d'Yves Winkin), Le Seuil, 1988.

BRIDGES William, *Transitions de vie*, InterEditions, 2006.

BRIDGES William, *Managing Transitions*, Addison-Wesley, 1991.

CHRISTIAN Dominique, *Les Livres de l'entreprise : management et philosophie*, Nathan, 1994.

CROZIER Michel, FRIEDBERG Ehrard, *L'Acteur et le système*, Paris, Le Seuil, 1977.

DUPUY François, *Sociologie du changement*, Paris, Dunod, 2004.

DURAND Jean-Pierre, MERRIEN François-Xavier, *Sortie de siècle : la France en mutation*, Vigot, 1991.

EXCOUSSEAU Jean-Luc, *La Mosaïque des générations*, Éditions d'Organisation, 2000.

FRIEDBERG Ehrard, *Le Pouvoir et la règle : dynamiques de l'action organisée*, Le Seuil, 1993.

FUSTEC Alan, FRADIN Jacques, *L'Entreprise neuronale*, Éditions d'Organisation, 2001.

GAUDIN Thierry et al., *2100 : récit du prochain siècle*, Payot, 1990.

HARVARD BUSINESS REVIEW, *Le Changement*, Éditions d'Organisation, 2000.

LE MOUEL Jacques, *L'Histoire immédiate : critique de l'efficacité*, Le Seuil, 1981.

LEVITT Théodore, *Réflexions sur le management*, Dunod, 1991.

MORIN Edgar, *La Méthode*, tome I : *la nature de la nature*, Le Seuil, 1997.

PRIGOGINE Ilya, STENGERS Isabelle, *La Nouvelle alliance : métamorphose de la science*, Gallimard, 1979, 1986.

RIBOUD Antoine, *Modernisation, mode d'emploi : rapport au Premier ministre*, Union Générale d'Éditions, 1987.

SENGE Peter, *La Cinquième discipline*, First, 1992.

SENGE Peter, *La Danse du changement*, First, 1999.

WATZLAWICK Paul, *La Réalité de la réalité : confusion, désinformation, communication*, Le Seuil, 1976.

WATZLAWICK Paul, *Le Langage du changement : éléments de communication thérapeutique*, Le Seuil, 1978.

Remerciements

Nos remerciements vont à toutes les personnes et entreprises qui nous ont fait confiance et nous ont permis d'apprendre en faisant.

Merci à André Comte-Sponville pour sa préface, clin d'œil de philosophe à l'homme d'entreprise.

À Marc Fersten qui a créé deux dessins pour nous.

À l'Association Progrès du Management, et plus spécialement à Bruno Jarrosson qui nous a apporté ses conseils avisés pour la première édition.

À Marie-Laure Cahier de Dunod Éditeur qui nous a fait confiance et a mis à notre service sa compétence, sa patience et sa rigueur intellectuelle.

À Colette Magnin qui a bien voulu relire notre manuscrit avec un œil aiguisé.

049776-(I)-(1,8)-OSB 100°-FAB-MNL

STEDI MEDIA, 1, boulevard Ney, 75018 Paris
Dépôt légal, Imprimeur, n° 10056
Dépôt légal : août 2007
Imprimé en France
Dépôt légal de la 1re édition : 1er trimestre 1995